Phonebitch
Schmutzige Nummern

PIPER

Zu diesem Buch

Wenn bei Phonebitch die 0190-Nummer aufleuchtet, ist ganzer Einsatz gefragt. Mal muss sie die Kummerkastentante mimen, mal die lustvolle Verführerin. Sie erzählt, woran sie wirklich denkt, während sie ins Telefon stöhnt – und verrät Berufsgeheimnisse. Zum Beispiel, wie man am Dialekt eines Mannes erkennen kann, worauf er wirklich steht ...

Phonebitch hat tagsüber einen ziemlich stressigen Job, von dem sie sich abends an der Sex-Hotline erholt. Weil niemand von ihrer Leidenschaft für schmutzige Nummern erfahren soll, begann sie anonym mit dem Schreiben. www.phonebitch.blogspot.com

Phonebitch

schmutzige nummern

Kuriose Erlebnisse vom anderen Ende der Sexhotline

Piper München Zürich

Mehr über unsere Autoren und Bücher:
www.piper.de

Für Jerry

MIX
Papier aus verantwor-
tungsvollen Quellen
FSC® C083411

Originalausgabe
1. Auflage Mai 2012
2. Auflage Mai 2012
© Piper Verlag GmbH, München 2012
Umschlaggestaltung: Eisele Grafik-Design, München
Umschlagmotiv: unter Verwendung des Fotos
von Marc Fischer/Vetta/GettyImages
Satz: Kösel, Krugzell
Gesetzt aus der Swift Regular
Papier: Munken Print von Arctic Paper Munkedals AB, Schweden
Druck und Bindung: CPI – Clausen & Bosse, Leck
Printed in Germany   ISBN 978-3-492-27415-9

Inhalt

phonebitch

making-of

Zwar würde man selbst dort nie anrufen, versteht sich. Aber irgendwie wäre es doch insgeheim interessant einmal zu erfahren, was sich hinter diesen lasziv gehauchten ›6-6-6-6-6‹-Servicenummern verbirgt, die einem allabendlich beim Durchzappen im Spätfernsehen zugeraunt werden. Wie muss man sich die Frauen vorstellen, die da am Telefon ihren Dienst am Mann anbieten? Mit kreischend roten Fingernägeln, wasserstoffgebleichten Haaren, den Mund immer einen Spalt weit geöffnet, die Zunge hin und her tanzend wie bei einer Königskobra vor dem Biss? Alles völlig versaute Luder, die in einem anderen Leben vielleicht beim Discounter an der Kasse gejobbt hätten, wenn sie ihren Sexualtrieb etwas mehr im Griff gehabt hätten. Oder erfolgreich in der Steuerkanzlei gearbeitet, wer weiß?

Und die Männer dazu? Welche Sorte Mann ruft bei diesen Nummern eigentlich an? Was für triste Existenzen müssen das sein, die sich am Telefon von einer wildfremden Sexbestie einen vorstöhnen lassen, um dann in der Einsamkeit ihrer verwahrlosten Bude zum Orgasmus zu kommen – das Telefon in der anderen Hand! Liegen diese Typen dazu gemütlich im Bett oder haben sich im Klo eingeschlossen, um nicht von ihrer Ehefrau (oder Mutter?) entdeckt zu werden? Vielleicht haben sie auch noch eines dieser alten Telefone und verheddern sich im Eifer des Gefechts im Telefonkabel. Könnte aber auch sein, dass sie überhaupt nicht von zu Hause anrufen. Mit dem Handy ist ja heute nahezu alles möglich. Anhänger von anonymen Orgien könnten Busse, Trambahnen und U-Bahnen zur Bühne ihrer Phantasien machen und dem öffentlichen Nahverkehr eine ganz neue Bedeutung verleihen. Der Diplombiologe mit seiner ausgefallenen sexuellen Neigung postiert sich hingegen wohl eher vor dem Bonobo-Gehege im örtlichen Zoologischen Garten, wobei die heiße Schnalle am anderen Ende der Leitung der naturkundlichen Exkursion ungeahnte Höhepunkte verleiht.

Wäre wirklich spannend zu erfahren, was da am Telefon so abläuft, oder? Zu wissen, wer da mit wem welche Schweinereien austauscht – rein aus Neugier, nichts weiter. Ein kleiner Blick hinter die Kulissen von einer, die es wissen muss …

Berufsziel Phonebitch

Manchmal werde ich gefragt, ob ich mir früher hätte vorstellen können, dass ich einmal in einer Sexhotline arbeiten würde, nach dem Motto: »Was hättest du gesagt, wenn dir vor zehn Jahren jemand prophezeit hätte, dass du mal sowas machst?« Und die Antwort ist: Ja, ich habe mir tatsächlich immer sehr gut vorstellen können, so etwas mal zu machen. Leider gab es früher nur Callcenter mit festen Arbeitszeiten, und da ich ja bereits einen Hauptberuf habe, kam die Hotline damals noch nicht infrage. Aber abwegig erschien mir die Idee nie. Schließlich kann man ein zusätzliches Taschengeld immer gebrauchen und eine Sexhotline fand ich die einfachste Methode, um bequem und mit wenig Aufwand Geld zu verdienen. Und eines Tages passte dann plötzlich alles zusammen: Ich lernte den Freund einer Freundin kennen und der war begeistert von meiner erotischen Stimme. Nach kurzem Nachhaken erfuhr ich, dass er bei der Post arbeitet und unter anderem auch für das Einrichten von Servicenummern zuständig ist. Gesagt, getan.

Zwei Wochen später rief er mich an, um mir mitzuteilen, dass die Nummer ab jetzt freigeschaltet sei. Meine Anzeigen hatte ich schon aufgegeben und auf den ersten Anrufer musste ich nicht lange warten. Nur leider hatte ich mir überhaupt noch keine Gedanken darüber gemacht, was ich denn eigentlich erzählen sollte. Ich hob ab – und legte vor Schreck gleich wieder auf.

Bob hieß mein erster Kunde. Er hat sich nie wieder gemeldet ...

~~~~~~~~~~~~~~~~~~~~~~~~~~~~~

Switch to the Bitch

Es ist ein Spiel, zwischen Bitch und Non-Bitch hin- und herzuschalten. Das Headset ziehe ich morgens an und abends wieder aus, es sei denn, ich verlasse die Wohnung. Am Anfang hat mich die Sucherei nach dem Telefon den letzten Nerv gekostet, bis ich das richtige Modell mit Headsetanschluss gefunden habe. Ich habe bisher neun Headsets verbraucht, wovon vier meiner Katze zum Opfer gefallen sind. Die telefoniert halt auch gerne.

Genau wie ich: je länger das Telefonat, desto besser. Denn jede Minute, die ich meine Kunden in der Leitung halte, ist bares Geld wert. Das fängt mit einer möglichst ausführlichen Beschreibung meines Luxuskörpers, meiner sexy Unterwäsche oder der Lack- und Lederausrüstung in meinem Kleiderschrank an. Solange mich der Kunde nicht unterbricht, gehen mir die Themen nicht aus. Andererseits möchte ich ja auch wissen, wen ich da in der Leitung habe. Also lasse ich gerne auch mal die Typen erzählen, und auf jede Frage folgt am besten gleich eine Gegenfrage.

Am Anfang meiner »Karriere« war ich recht skrupellos und mein Motto lautete: »Ich bin nie die Erste, die auflegt!« Aber ich habe mich gebessert und lege inzwischen nach dem Gespräch auf, selbst wenn die Chance besteht, dass der Kunde selbst vergessen hat, die Verbindung zu trennen.

An Sonntagen erwarte ich immer viel Arbeit, besonders wenn das Wetter schlecht ist. Da hoffe ich dann, dass alle Hausfrauen mit den Kindern zum Gottesdienst gehen, damit ihre Männer mich anrufen können. Einige werden sich wieder ihre Handys schnappen und sich ins Auto in der Garage verkrümeln, andere werden ihren Damen erzählen, dass sie ihr Gartenhäuschen aufräumen müssen. Außer den Singles ruft mich fast keiner vom Festnetz an.

Zu meinem Spiel gehört es, dass man auch ein bisschen schummelt. Das fängt bei Äußerlichkeiten an. Die Wahrheit ist: Ich bin keine eins siebzig groß, wie in meiner Anzeige beschrieben, wiege keine zweiundfünfzig Kilo, habe weder blondes Haar noch grüne Augen. Und der Name ist erst recht erfunden, ebenso wie mein Alter.

Das alles muss gut durchdacht sein, um sich nicht in seinen eigenen Lügen zu verstricken. Ich musste mir einen komplett neuen Lebenslauf zusammenbasteln. Eine Story, die für alle Anrufer gilt, auch wenn sie alle einen unterschiedlichen Geschmack haben, was Frauen betrifft. Und den haben sie!

Da gibt es den Kunden, der eine Rubensfigur bevorzugt, während der andere mehr auf Twiggies steht. Aber das lässt sich leicht herausfinden. Ich verwickle die Herren minutenlang in ein Frage- und Antwortspiel und zum Schluss stellen sie sich dann vor, ich entspräche genau ihrem Phantasiebild. Genauso unterschiedlich sind die sexuellen Vorlieben. Manche möchten lieber erstmal ein wenig kuscheln und streicheln, während es bei anderen von Anfang an knallhart zur Sache gehen muss. Als professionelle »Männerflüsterin« weiß ich inzwischen genau, wie ich die Jungs am besten anpacken muss, um sie möglichst lange bei der Stange zu halten.

Nach einer gewissen Zeit kennt man die Vorlieben seiner Anrufer. Aber eines mögen sie alle: wenn man sie mit ihrem Namen anstöhnt, selbst wenn sie sich den gerade ausgedacht haben. Ich frage sowieso nie, wie sie heißen, sondern mit welchem Namen ich sie ansprechen soll. Es folgt öfter eine längere Atempause, dann wird der nächstbeste Name genannt. Verstehe mal einer die Typen.

Manchmal kommt es aber auch vor, dass Männer an meinem Alltag interessiert sind und Fragen stellen, wie: »Was gibt es denn bei dir heute Abend zum Essen?«, oder Ähnliches. Das passiert allerdings nur bei Stammkunden. Sie bedanken sich dann nach dem Orgasmus herzlich und fragen, was bei mir für den Rest des Tages noch auf dem Programm steht. Ein Koch hat mir mal über das Telefon ein sehr gutes Rezept für ein Pilzrisotto gegeben. Auch sonst wird manchmal gequatscht, natürlich nach meiner Dienstleistung. Dann gibt es natürlich auch die Scheuen, die wollen zuerst Small Talk haben, ehe es mit dem Dirty Talk weitergeht.

Es gibt auch andere Anrufer, bei denen ich in den »Non-Bitch-Modus« schalten muss. Ich habe eine ganz normale Nummer und jeder, der die Servicenummer wählt, wird auf die normale weitergeleitet. Alles läuft über ein Telefon. Wenn beispielsweise meine Oma anruft, ist der erste Satz, den ich höre: »Du kannst wieder normal reden, ich bin es nur.«

In meiner Familie weiß so gut wie jeder, was ich nebenher treibe. Einige sind überhaupt nicht erfreut darüber, wohingegen die anderen mich hemmungslos auch während des Essens ausfragen. Selbstverständlich gehe ich nicht allzu sehr ins Detail, ich erzähl denen doch beim Essen nicht meine Hotline-Stories. Ein Onkel fragte meinen Freund einmal, ob er nicht eifersüchtig ist. Nein, ist er nicht, er hat nichts gegen meinen Nebenjob. Er kann sein Grinsen nicht verkneifen, wenn ich im Bademantel vorm PC sitze und am Telefon erzähle, wie ich nackt auf dem Bett liege und gerade dabei bin, mich zu verwöhnen.

Mein Exfreund war extrem eifersüchtig und wir trennten uns deswegen nach nur drei Monaten. Entweder er oder das Telefon, er wollte mich ganz allein für sich haben. Ich entschied mich für das Telefon, da er eh jeden Abend in der Kneipe war und die Wochenenden schon mal allein außerhalb verbrachte. Meine engsten Freunde wissen Bescheid. Am Anfang war es noch ein ganz interessantes Gesprächsthema, aber jetzt wird kaum noch darüber geredet. Bisher hat noch keiner von ihnen bei mir angerufen (ich bin ja auch der Meinung, dass ich sie sofort erkennen würde), obwohl sie immer planen, mich irgendwann reinzulegen. Zuhören durften sie aber auch noch nicht. Das werde ich mal schön sein lassen, auf das Gelächter kann ich verzichten.

~~~~~~~~~~~~~~~~~~~~~~~~~~~~~~~~~~

Echte Handarbeit

Am Anfang musste ich mir noch oft das Lachen verkneifen, heute ist es absolute Routine. Manche Kunden geben Töne von sich, da denkt man, man ist beim großen Quiz der ausgefallensten Tierlaute zu Gast. Dann gibt es welche, die hecheln, als ob sie einen Hundert-Meter-Sprint hinter sich hätten, andere geben gar keinen Ton von sich. Die kann ich ja überhaupt nicht leiden, weil ich nie weiß, wie weit sie sind. Soll ich nun schneller stöhnen, da es dem Ende zugeht, oder sie mit aufreizenden Worten noch aufgeilen?

Vielen meiner Kunden genügen die Worte und das Gestöhne nicht. Sie wollen hören, wie ich an ihrem besten Stück sauge. Also lecke ich mir über die Lippen und gebe ein paar schmatzende Geräusche von mir. Richtig amüsant wird es, wenn sie es mir mit der Zunge besorgen wollen, dann gibt das oft ein Geschmatze und Geschlürfe wie bei der Schweinefütterung. Einer will immer hören, wie ich mich fingere. Also steck ich mir den Finger in den Mund, schließe ihn, und reibe vorne an der Zunge mit dem Finger. Das kommt klasse an. Zu lange darf ich das aber nicht tun, da sie sonst sehr schnell kommen. Schließlich zählt ja jede Minute. Meine Pumps habe ich auch immer bereitstehen, da es einen gibt, der sehr gerne zuhört, wenn ich damit in der Wohnung hin und her laufe. Natürlich in Strapsen.

Was wohl meine Nachbarn denken, wenn ich drei Minuten lang den Flur in Stöckelschuhen auf und ab tuckele?

Immer wieder bin ich auf der Suche nach neuen Geräuschen. Improvisation ist gefragt in meinem Job. Wie hört es sich an, wenn ich masturbiere, und wie bekomme ich das Geräusch dazu hin, ohne es aber wirklich zu tun? Die Po-Klapser simuliere ich wunderbar mit leichten Schlägen auf die nackten Oberschenkel, auch das bisschen Babyspeck am Bauch eignet sich hierfür sehr gut. Da ich sowieso im Besitz einer Peitsche bin, kann ich die Sadomaso-Fraktion leicht befriedigen. Und Wasser aus einem Becher langsam in die Toilette fließen zu lassen, erspart mir ein aufwendigeres Programm für das so beliebte »Beim-Pinkeln-Zuhören«.

Mit den Geräuschen ist das so eine Sache:

»Du bist ja ein billiges Luder, machst mir hier was
vor!«, warf mir ein Anrufer während der WM vor.

Ich gebe es ja zu, irgendwie war ich etwas abgelenkt.
Es ist echt schwierig, ständig mit einem Auge auf die
Glotze zu schauen und gleichzeitig den perfekten
Orgasmus zusammenzustöhnen. Da wird bei einem
Freistoß vor lauter Anspannung schon mal der Atem
eingezogen, anstatt dass man ein erotisches »Aaahh«
von sich gibt.

Aber allen kann man es nicht recht machen. Zu unterschiedlich sind die Vorstellungen meiner Kunden,
was die richtige Bitchtonlage betrifft:

»Nein! Du kannst doch nicht in der Tonlage stöhnen!
Das ist falsch und so mag ich das nicht. Das muss aus
dem Bauch heraus kommen und der Ton muss tiefer
sein. Dunkler und geheimnisvoller«, wurde ich einmal
von einem Anrufer in entrüstetem Tonfall ermahnt.

Bitch-Marketing

Als erfolgreiche Phonebitch darf natürlich auch das Marketing nicht zu kurz kommen. Verschiedene Methoden haben sich hierbei bewährt. Nach mehreren Monaten habe ich zum Beispiel mal wieder eine Anzeige in meiner alten Stammzeitung aufgegeben. Und siehe da: Alte, schon fast vergessene Kunden riefen wieder an. Die schienen mich aber auch fast vergessen zu haben. Außer einem, der es nicht fassen konnte, dass er mich wieder an der Strippe hatte:

> »Ach mein Kleines, bin ich froh, dass ich deine Nummer wieder habe. Ich habe sie nicht mehr gefunden und du hattest keine neue Anzeige mehr in der Zeitung. Ich dachte, du hättest damit aufgehört. Wie ist es dir so ergangen in letzter Zeit?«

Das war ja mal nett. Nach ein paar Minuten freundlichen Geplänkels kam er auch gleich wieder zur Sache. Die ganz normale Nummer mit Blasen und Missionarsstellung wollte er haben. Er hat mir versprochen, sich meine Nummer diesmal gut aufzuschreiben.

Die Zeitungsanzeige hat sich wirklich gelohnt: Das Telefon klingelte die ganze Nacht durch.

Apropos Annonce – diese Art der Werbung ist anscheinend so effektiv, dass nicht einmal die abgedruckte Telefonnummer stimmen muss: Einmal wurden zwei Ziffern meiner Nummer von der Zeitung falsch gedruckt. Trotzdem hatte ich daraufhin drei »Neukunden« mit mir wohlbekannten Stimmen in der Leitung, die mich erst darauf hinwiesen, dass die in der Zeitung abgedruckte Nummer falsch sei, nur um mir gleich darauf zu versichern, es sei das erste Mal, dass sie mich anriefen. Sehr logisch!

Doch es muss nicht unbedingt die Zeitung sein. Auch deutlich profanere Werbeflächen können zum Erfolg führen: Meine Telefonnummer steht doch tatsächlich in etlichen Männerklos auf dem Hauptbahnhof. Das weiß ein Kunde zu berichten, der sie dort entdeckt hat. Dass viele andere Nummern die Türen und Mauern der Bedürfnisanstalten verzieren, ist mir klar. Aber meine ist dort mit dem Vermerk »Prädikat: wertvoll« bezeichnet.

»Auch ich werde deine Nummer von jetzt an in jeder von mir besuchten Toilette hinterlassen. Du bist jeden Cent wert!«, schwärmte mein Kunde.

Das höre ich doch gerne, da schlägt mein kleines versautes Herz höher.

Doch das Beste, was einem passieren kann, ist wohl Mundpropaganda. Ein Kunde vertreibt meine Nummer bei Freunden. Nicht bei irgendwelchen Freunden, sondern in seiner heiß geliebten Männergruppe. In der Gruppe war das Thema »Sex« vor Kurzem

Hauptthema und es tauchte die Frage auf, ob man es eigentlich schon mal übers Telefon gemacht habe. Unweigerlich sei dabei mein Name gefallen. Zuerst leugnete mein Kunde wohl, mich näher zu kennen, bis dann nach und nach doch herauskam, dass er Stammkunde bei mir war. Die Neugier seiner Bekannten habe ihn dann dazu gezwungen, meine Nummer zu nennen.

Bisher hat sich keiner meiner Kunden bei mir geoutet, aus dieser Gruppe zu stammen. Aber ich bin mir sicher, es sind ein paar dabei. Ich weiß, wie die Männer ticken.

Wenn das mit dem Marketing weiterhin so erfolgreich läuft, stoße ich noch an meine Kapazitätsgrenzen. Tatsächlich wurde ich bereits von einem Kunden gefragt, ob ich schon mal an Expansion gedacht habe. Ich könne ja »virtuelle Puffmutter« werden und ein paar weitere Häschen anlernen, die für mich Kunden zufriedenstellen könnten: weniger Stress und mehr Geld bei weniger Arbeit.

Keine schlechte Idee! Ich werde einmal darüber nachdenken …

Ein Barbesuch brachte mich eines Abends auf eine weitere Marketingidee: Warum keine Happy Hour einführen? Das ist die Marktlücke schlechthin. Und die Werbung erst!

»Rufen sie an! Mittwochs zwischen sechzehn und siebzehn Uhr gibt es Telefonsex zum halben Preis! In der Happy Hour nur einen statt zwei Euro pro Minute!«

Oh Mann, ich würde in der Branche Geschichte schreiben! In der Happy Hour würde meine Leitung zusammenbrechen.

Man könnte einen Sommerrabatt einführen, da das Geschäft im Sommer sowieso schleppender läuft. Oder Sonderangebote und Restposten anbieten wie in großen Supermarktketten.

»Heute im Angebot: SM für nur einen Euro die Minute. Lass dir gehörig den Hintern versohlen – zum halben Preis! Das Angebot gilt nur heute, und nur, solange der Vorrat reicht!«

Und wenn der Kunde dann mit meiner Dienstleistung zufrieden ist, würde ich mich natürlich auch, wie in der Bar, über ein Trinkgeld freuen.

»Gib mir mal deine Kontodaten.«
»Wieso das denn?«
»Ich finde, du hast dir ein ordentliches Trinkgeld verdient und ich würde es dir gerne überweisen.«
»Das weiß ich wirklich zu schätzen, aber ich kann dir meine Kontodaten leider nicht geben. Ich wäre dann ja nicht mehr anonym.«
»Hast du noch nie daran gedacht, ein Geschäftskonto zu eröffnen?«
»Doch, habe ich. Aber auch für ein Geschäftskonto müsste ich meine wahre Identität preisgeben.«
»Oh, ja … Das stimmt. Schade, wirklich schade.«

Ja, das ist es in der Tat.

Und wenn der Service mal nicht stimmt? Würden nicht einige nach erledigten Wünschen ihre Unzufriedenheit kundtun?

»Es tut mir leid. Aber ich war heute nicht so wirklich zufrieden. Ich bin zwar zum Höhepunkt gekommen, hatte aber reichlich Mühe auf dem Weg dahin. Du warst irgendwie nicht ganz bei der Sache, und deswegen habe ich mich entschlossen, dir kein Trinkgeld zu überweisen. Vielleicht ist dein Service ja beim nächsten Mal besser.«

Oder wie in einem Restaurant:

»Entschuldige mal, aber da hängt mir ein Haar an der Zunge! Du hast mir aber erzählt, dass du glatt rasiert bist. Also, unrasierte Körper, das ist absolut nicht mein Ding! Wenn ich es mir recht überlege, müsstest du mir sogar mein Geld für dieses verlogene Gespräch zurückerstatten!«

Könnte man nicht auch vielleicht unter allen Trinkgeldgebern einmal wöchentlich einen kostenlosen Anruf von der Dauer des letzten Anrufs verlosen?

Ideen über Ideen – nicht dass ich irgendwann noch eine eigene Marketingabteilung brauche!

Bürokratie meets Phonebitch

Leider ist es wie in jeder anderen Branche: Auch als Telefonsexanbieterin muss man sich gewissen bürokratischen Herausforderungen stellen. Wie jedes Jahr flatterte mir eines Tages mein geliebter Steuerbescheid ins Haus. Als ich mit dem Telefonsex anfing, meldete ich meinen Nebenverdienst dem Finanzamt. Ich teilte ihnen mit, ich sei nebenberufliche Telefonistin bei der Post. Die Herren der Post hatten mir nämlich erklärt, sie ihrerseits würden meine Beschäftigung melden, da sie ja auch daran verdienen. Das Finanzamt war jedoch mit der Beschreibung meiner Tätigkeit nicht zufrieden und bat um einen Termin. Also machte ich mich auf den Weg, um meine Erklärung abzugeben.

> »Nun, Frau *****, in welcher Postfiliale arbeiten Sie,
> und wie viele Stunden pro Tag?«

Ich erklärte dem Beamten, dass ich meinen Nebenberuf zu Hause ausübe und die Arbeitszeit variiere. Das verstand der nette Herr nun gar nicht, er wollte genaue Arbeitszeiten. Sprachlos war er, als ich ihm sagte, ich habe einen Minutenlohn von einem Euro vierundzwanzig.

Also packte ich den Stier bei den Hörnern und eröffnete ihm rundheraus, dass ich Telefonsexanbieterin sei. Er wurde rot und meinte:

»Und damit verdient man so viel Geld?!«

Seitdem haben sie nie wieder nachgefragt.

Ich hatte auch schon einen Kunden, der von dem Geschäftsmodell mit der Servicenummer ganz begeistert war:

»Wie funktioniert das denn jetzt eigentlich? Kriege ich nach Ende des Gesprächs eine Rechnung nach Hause geschickt oder willst du das Geld im Voraus?«
»Nein, pro Minute kostet es dich zwei Euro und die Summe erscheint auf deiner nächsten Telefonrechnung.«
»Das ist ja ein tolles System! Könnte ich mir als Privatperson auch so eine Nummer geben lassen? Dann würde ja jeder, der mich anruft, zahlen.«
»Das ist schon möglich, wenn du die Nebenkosten auch bezahlst. Die Nummer kostet dich monatlich neunzig Euro.«
»Ach nein, so viele Leute rufen mich auch nicht an. Und wie sollte ich meiner Mutter erklären, weshalb sie so teuer bezahlen muss, um mit mir zu reden. Aber die Idee finde ich klasse. Du könntest ja auch eine Witzhotline aufmachen und den Leuten Witze erzählen. Oder Kochrezepte. Da gibt es doch Hunderte von Möglichkeiten. Ich werde mir noch ein paar

Sachen einfallen lassen und rufe dich dann zurück.
Vielleicht kommen wir ja ins Geschäft.«

Meine Bank weiß ebenfalls über meinen Nebenjob Bescheid, da sie mir letztes Jahr ein Darlehen verweigern wollte. Doch als ich sie auf mein doppeltes Einkommen aufmerksam machte, war das alles kein Problem mehr. Ich hoffe nur, dass es nicht die Runde gemacht hat und bald jeder im Ort mit dem Finger auf mich zeigt.

Und was lag da jüngst in meinem Briefkasten? Ein neuer Gesetzbeschluss für alle Servicenummernbetreiber. Das Ding hat acht Seiten und hat mich das Fürchten gelehrt. Neu wird demnach bald sein, dass jeder Anrufer zuerst mit einem von der Post eingespielten Band darauf hingewiesen wird, dass der Spaß mit mir zwei Euro pro Minute kostet. Ich kann mir schon vorstellen, wie viele Kunden dann sofort auflegen werden. Nicht wegen der Euros, sondern weil das Band mit Sicherheit von einer nöligen, monotonen Männerstimme besprochen wird! Wer will schon total heiß und mit dem besten Stück in der Hand, bereit zu allen Schandtaten, zuerst von seinem Finanzbeamten empfangen werden?

Eine andere Neuerung schützt alle Kunden, die vergessen aufzulegen. Die Verbindung wird nach dreißig Minuten automatisch unterbrochen. Damit kann ich leben. Die kommen wieder ...

Ein weiterer Punkt hat mich allerdings zuerst ziemlich erschreckt. Und nicht nur mich, sondern anscheinend sämtliche anderen Damen meines Gewerbes, die ebenfalls allesamt beim zuständigen Ansprechpartner der Post angerufen haben:

> »Die Post gibt dem Endkunden nach Verlangen die Information zur Identität des Servicenummernbetreibers preis. Dabei handelt es sich um Name und Adresse des Betreibers.«

Wow, wissen die eigentlich, was das für Konsequenzen haben kann, fragte ich mich? Mir graute schon, dass einer meiner Kunden bei der Telefonauskunft anruft und die ihm dann meine Adresse mitteilen.

Die Aufregung war groß, und sie wurde noch größer, als bei dem zuständigen Herrn bei der Post die Telefonleitung eine Dreiviertelstunde besetzt war. Es stellte sich aber als relativ harmlos heraus: Nur wenn ein Kunde gerichtlich gegen mich vorgehen will, muss die Post nach Vorlage einer anwaltlichen Verfügung meine Daten herausgeben. Und wer outet sich denn schon gern als Sexhotlineanrufer? Die Angst war also unbegründet, und der glückliche Postmitarbeiter durfte stundenlang kostenlos mit sämtlichen Telefonsexanbieterinnen des Landes telefonieren.

die bitch hinter

dem phone

Da wählt man also in regelmäßigen Abständen diese Telefonnummer, unter der einem dann eine sympathische Frauenstimme zu sexuellem Lustgewinn verhilft. »Phonebitch« nennt sich die Dame. Aha. Sie klingt ja wirklich nett und macht ihren Job auch wirklich erfolgreich, aber wer ist denn eigentlich dieses heiße Sexluder? Das wüssten wohl auch viele Anrufer gerne. Ein Teil der Faszination vom Sex am Telefon ist der Reiz des Unbekannten, die Möglichkeit, die eigenen Phantasien und Vorlieben auf die vermutete Sexgöttin am anderen Ende der Leitung zu projizieren. Warum sollte die Phonebitch nicht wallendes dunkles Haar haben und einer Südseeschönheit gleich mit ausladenden Hüften und Blumenschmuck die Gelüste ihres Anrufers − Verzeihung: Jamaican Lover's − befriedigen? Oder ist sie doch eher das kleine knackige Tennishäschen im knappen Röckchen, das es ihrem Prinzen im Stehen besorgt? Der Phantasie sind keine Grenzen gesetzt. Doch bei manchen Kunden wird dieser Reiz bald vom Verlangen abgelöst, zu erfahren, wer sich hinter der verführerischen Stimme der Traumfrau wirklich verbirgt −

vielleicht in der Annahme, dass die langbeinige Nymphomanin oder die peitschenschwingende Domina sich auch in materialisierter Form auf dem Sofa gut machen würde. Oder dass die Süße, die so viel liebevolles Verständnis für unseren so oft missverstandenen Hotline-Helden aufbringt, doch die Frau fürs Leben ist. Und von der möchte man natürlich schon ein bisschen mehr wissen als nur eine Telefonnummer.

Also: Wer ist diese Bitch hinter dem Phone? Was für eine Frau verbirgt sich hinter der anonymen Stöhnnummer? Ein bisschen Neugier wird ja wohl noch erlaubt sein, nicht wahr?

»Hallo, mein Name ist von Bresow, und ich arbeite als selbstständiger Autor. Ich habe vor, einen Bericht über Telefonsexanbieterinnen zu schreiben. Könnten wir uns mal treffen? Und könnten Sie mir dazu bitte Ihre Adresse und Privatnummer geben?«

Aber klar doch. Natürlich gebe ich meine Daten jedem, der solch ein hehres Anliegen verfolgt.

Auf die Frage nach einer Rückrufnummer hat er allerdings aufgelegt.

Andere finden selbstständige Autoren wohl zu uncool und geben stattdessen lieber den starken Mann in Uniform:

»Ja, guten Tag, Polizeihauptrevier hier. Breitner mein Name. Wir haben ein paar Beschwerden gegen Sie vorliegen und müssten bei Ihnen vorbeikommen. Könn-

ten Sie mir bitte Ihre vollständige Adresse und Ihren vollständigen Namen geben?«
»Kein Problem, geben Sie mir die Nummer des Reviers, ich rufe Sie zurück und werde mich mit Ihnen verbinden lassen.«

Aufgelegt.

Was Kommissar Breitner wohl mit meinen Daten angefangen hätte? Vielleicht steht er ja auf Handschellen.

Einige wollen mir Blumen und Geschenke schicken. Andere behaupten, sie haben Freunde, die bei der Post arbeiten, und seien imstande, mit einem Telefonanruf rauszubekommen, wer ich bin. Na, dann mal los …

An meiner Adresse sind ja wirklich viele interessiert, warum auch immer. Aber ein Anrufer – ich habe ihn Buschpinkler getauft – hat mich dann doch überrascht:

»Ich will wirklich wissen, wo du wohnst!«

Nee, wird aber nicht verraten. Und weshalb will er das wissen? Will er mir Blumen schicken oder mich besuchen?

»Ich spaziere dann deine Straße entlang und pinkle irgendwo in die Büsche, während ich mir vorstelle, dass du mir zusiehst!«

Klar, ich schaue Tag und Nacht aus dem Fenster und warte auf Buschpinkler. Mit dem Auto will er auch die Straße entlangfahren, um darin zu onanieren. Auf was für Ideen die Leute so kommen. Im Nachhinein kommt mir die Idee, dass ich ihm eine x-beliebige Adresse hätte geben können, am besten eine neben einer Polizeiwache.

Viele probieren die alte Masche, die man vom Anbaggern schon kennt:

>>Bist du sicher, dass wir uns nicht kennen? Deine Stimme kommt mir sehr bekannt vor!<<

Tja, junger Mann, das kommt daher, dass Sie mich fünfmal die Woche anrufen! Und nein, ich bin mir sicher, dass ich achtundneunzig Prozent meiner Kunden nicht kenne und auch nicht an der Stimme erkennen würde. Bei dem Geflüstere und Gestöhne ihrerseits? Das wär doch eine Wette wert: Wetten, dass ich fünf von zweihundert Männern am Gestöhne erkennen kann!

>>Warst du am Samstagabend nicht in der Diskothek? Nein? Bist du dir sicher, denn ich könnte schwören, dass die Blondine genau dieselbe Stimme hatte!<<

Bin ich mir wirklich sicher, nicht dagewesen zu sein? Und wenn er sich so sicher war, wieso ist er nicht zu ihr hingegangen und hat sie angesprochen? Feigling!

Eines Tages hatte ich wieder mal einen besonders hartnäckigen Kunden. Nachdem er fertig war, kamen wir noch ein wenig ins Gespräch:

>Ganz ehrlich jetzt, deine Stimme kommt mir irgendwie bekannt vor!«

Irgendwann werde ich einen Jingle nach diesem Spruch einspielen. Gratulation – Sie sind der tausendste Kunde, der das behauptet!

>Aha, von woher denn?«
>Mmh, lass mich nachdenken ... Arbeitest du im großen Shoppingcenter im Norden der Stadt?«
>Nein, das ist überhaupt nicht meine Wohn- oder Arbeitsgegend.«
>Ach komm, jetzt weiß ich es. Du bist die Frau am Informationsschalter, die alle Durchsagen im Shoppingcenter durchgibt. Du rufst Leute aus und suchst die Eltern von verloren gegangenen Kindern. Das bist du, da bin ich mir ganz sicher!«
>Leider muss ich dich enttäuschen, das bin ich nicht. Ich arbeite nicht da. Ich kaufe nicht mal dort ein. Sorry!«

Er war nicht zu überzeugen, dass ich es nicht bin, und will so schnell wie möglich dahinfahren, um »mich« anzusprechen.

Gestern Abend rief er wieder an und war gar nicht froh.

»Irgendwann werde ich dich mal erwischen.
Du kannst nicht ewig vor mir davonlaufen!«
»Entschuldigung, was meinst du damit?«
»Da war gestern Nachmittag eine andere Tusse.
Und als ich sie fragte, wo du seist, hat sie mir mitge-
teilt, du hättest die nächsten paar Tage Urlaub. Und
deinen richtigen Namen weiß ich jetzt auch! Du heißt
in Wirklichkeit Myriam. Und du brauchst nicht vor
mir davonzulaufen, ich will dir nur Hallo sagen. Ich
beiße dich nicht und von mir wird keine Menschen-
seele erfahren, was du so nebenher treibst!«

(Vorausgesetzt, du bläst mir zweimal die Woche einen.)

Oh Mann, die arme Myriam! Wenn die zurück-
kommt und er dann auftaucht … ich will es gar nicht
wissen. Ich habe ihm noch mehrmals versichert, dass
ich wirklich nicht dort arbeite – ohne Erfolg.

Während ich vielen nicht echt genug sein kann und
sie verzweifelt herauszufinden versuchen, wer sich
denn nun hinter der Phonebitch verbirgt, gibt es aber
auch solche, die wohl zu viel Zeit mit ihrer Aufblas-
puppe verbracht haben:

»Du bist ja echt! So richtig echt! Ach du meine Güte,
ich leg jetzt auf. Das ist mir zu viel, darauf war ich
nicht vorbereitet!«

Ein anderer Anrufer fand das ganze Bitch-Business
regelrecht abstoßend:

»Oh Mann, das ist ja voll eklig und pervers! Du würdest echt meinen Penis in den Mund nehmen?«

»Nun ja, wieso eigentlich nicht?«

»Du weißt doch nicht, ob er sauber ist oder seit Tagen kein Wasser abbekommen hat! Du kannst so ein Teil doch nicht einfach in den Mund nehmen! Und dann von all den fremden Männern!«

»Ich nehme doch mal an, dass meine Kunden sauber und gepflegt sind. Und Krankheiten kriege ich ja wohl keine übers Telefon, oder?«

»Na, ja, aber allein schon der Gedanke, ein fremdes Geschlechtsteil in den Mund zu nehmen, lässt mich würgen!«

»Du sollst ja auch gar nichts in den Mund nehmen, das tue ich ja schon! Verlangt ja keiner von dir.«

Schwupps und weg war er.

In der Regel sind die Kunden aber nicht abgestoßen sondern begeistert von der Bitch. Manche sind allerdings skeptisch, weil sie eine derartige Sexbombe am Telefon haben.

»Wieso sind alle Telefonsexanbieterinnen so sexy? Alle haben lange Haare, einen knackigen Po, wunderbare Brüste und eine getrimmte Muschi! Gibt es denn keine normal aussehenden Mädels? Solche mit ein paar Pfund Übergewicht und keinem so tollen Körper? Da stimmt doch irgendetwas nicht!«

Sehr richtig, Sherlock.

Einige Kunden halten mich wohl für eine Hochleistungssportlerin. Ich habe mal nachgerechnet und müsste an einem guten Arbeitstag einundvierzig Orgasmen haben. Wow, wenn das mal nicht rekordverdächtig ist. Manche sind sehr entzückt darüber, wenn ich mit ihnen komme, und fühlen sich in ihrer Männlichkeit bestätigt.

»Meine Frau kommt nie mit mir, wenn überhaupt«, meinte einmal ein Kunde.
»Mit dir klappt das so klasse, dass ich mich schon gefragt habe, was anders bei dir läuft als bei meiner Frau.«

Ich hätte vom ersten Arbeitstag an meine gefakten Orgasmen mitzählen sollen, so wie ein Playboy nach einer gelungenen Eroberung einen Strich in den Bettpfosten ritzt.

Die meisten Anrufer sind überzeugt, dass »ihre« Bitch gemeinsam mit ihnen den sexuellen Höhepunkt erreicht. Ebenso realitätsfern ist ihre Annahme, dass ich mich für die heiße Nummer am Telefon erotisch zurechtmache. Ich werde oft gefragt, ob meine Kunden mir wirklich glauben, dass ich permanent angeturnt in Strapsen rumlaufe oder ob sie es nur glauben wollen.

Nicht immer sind es Strapse, auch ein String und ein kleines Top können Männerherzen höher schlagen lassen. Die erste Frage ist fast immer: »Was hast du gerade an?«, und ich antworte unterschiedlich. Ich weiß, dass die Männer mir nicht immer glauben, aber sie haben dann wenigstens ein Bild vor sich. Und das sollte so aufreizend wie möglich sein.

Es gibt aber auch Sommertage, an denen ich meine Kunden überhaupt nicht belügen muss. Da zeigt das Thermometer draußen über dreißig Grad und ich laufe tatsächlich nackt durch die Wohnung. Ist auch ein tolles Gefühl, es am Telefon ohne schlechtes Gewissen sagen zu können. Das Wetter ist dann sowieso oft Thema Nummer eins bei den Kunden. Nach jedem Orgasmus kriege ich zu hören, dass es Zeit für eine kühle Dusche wäre, und mir fällt sofort wieder als Verlängerung des Gesprächs ein, was man da noch alles anstellen könnte. Urlaub ist im Sommer das nächste Gesprächsthema und achtzig Prozent meiner Kundschaft fliegen nach Spanien, manche haben das nötige Kleingeld für eine ausgedehnte Australientour oder Ähnliches und der Rest bleibt zu Hause. Ich auch. Obwohl ich sogar schon zu einer Kreuzfahrt eingeladen wurde. Ganz romantisch, nur der Kunde und ich.

Zu Hause mache ich mir dann das Leben richtig schwer. Da merke ich dann, dass ich leider nicht alles gleichzeitig tun kann. Ich möchte mich zum Beispiel auf meinem Balkon sonnen. Kaum liege ich, klingelt schon wieder das Telefon. Also wieder zwei Minuten rein und Tür zu. Das Ganze wiederholt sich ungefähr acht Mal, dann habe ich irgendwann die Schnauze voll. Auch meine Kunden sind an solchen Sommertagen nicht ganz bei der Sache und kommen mit solchen Sprüchen: »Mach mit mir, was du willst!« Sogar denen ist es zu warm, um die Initiative zu ergreifen. Mittags ist da nicht viel los. Dafür abends umso mehr. Dann kommen sie aus ihren Löchern gekrochen und wollen verwöhnt werden.

Natürlich gibt es auch Tage, an denen ich keinen Bock habe und meine Ruhe will. Da sind dann immer einige Kunden sauer und fragen am nächsten Tag, warum ich nicht zu erreichen war. Auch ich brauche mal eine Pause.

Einmal war ich den ganzen Tag unterwegs und meine Kunden waren überhaupt nicht glücklich darüber. Am Abend bekam ich die Wut auch gleich zu hören.

»Wo warst du denn den ganzen Tag? Ich probiere es jetzt schon seit Stunden, habe vierundzwanzig Mal angerufen und immer nur deinen blöden Anrufbeantworter drangehabt. Wieso warst du nicht da?«

Hey, den Ständer hätte ich gerne gesehen! Wenn der bei jedem Anruf einen hatte – Respekt!

»Warum sind nicht alle Frauen immer so angeturnt wie ihr Telefonsexanbieterinnen?«

Seine Frau will nicht sieben Mal die Woche. Und schon gar nicht drei Mal am Tag. Keine Lust, zu müde und zu viel Stress in der Arbeit. Das seien ihre Ausreden. Obwohl es für mich doch sehr verständlich ist. Auch ich habe nicht jeden Tag Lust auf Sex.

Immerhin arbeitet er auch den ganzen Tag und will seinen Spaß morgens und abends haben.

»Für Sex kann man doch nicht zu müde sein.«

Man stelle sich mal vor, ich wäre absolut ehrlich und würde meinen Kunden die Wahrheit sagen:

»Also das Letzte, woran ich jetzt denke, ist Sex. Ich habe noch zwei Hemden fertigzubügeln und denke gerade daran, dass ich morgen noch tanken muss. Meinen Einkaufszettel habe ich auch noch nicht fertig. Ach ja, und jetzt, wo du sagst, ich soll mich auf dein Gesicht setzen, erinnerst du mich gerade daran, dass ich noch eine neue Gesichtscreme kaufen muss. Und Klopapier.«

Vielleicht lasse ich das besser mit der Wahrheit …

Auf diese Weise sind die Kunden mit ihrer Bitch zufrieden:

»Irgendwie liebe ich dich! Du kostest mich zwar ein Heidengeld, aber welche Frau würde mich das nicht kosten? Und wenn ich verheiratet wäre und meine Frau würde mich nerven, könnte ich sie nicht einfach rausschmeißen. Aber wenn ich mal keine Lust auf dich habe, rufe ich dich ganz einfach nicht an. Warum können nicht alle Frauen so praktisch sein wie du?«

die heißesten

hotliner

Es ist wirklich erstaunlich, wie unterschiedlich meine Hotline-Kunden sind. Erst einmal hat man da ja so ein bestimmtes Bild im Kopf: wenig bis semi-attraktiver Mann mittleren Alters, unmodische aber bequeme Schuhe, praktische Kurzhaarfrisur, Gürtel straff gespannt über dem Bauchansatz … Gut, diese Typen gibt es bestimmt auch, doch ich werde immer wieder überrascht. Meine Anrufer lassen sich weder einer gesellschaftlichen Schicht noch einer Altersstufe zuordnen. Vom postpubertären Teenie (denn dass meine Kunden volljährig sein müssen, versteht sich – Sexhotlines sind natürlich nur was für gestandene Mannsbilder – sprich: ab achtzehn) bis zum Tattergreis, vom erfolgreichen Karrieretypen bis zum notorischen Loser – vor der Phonebitch sind sie alle gleich. Wenn sie das erste Mal anrufen, sind sie in der Regel noch ein wenig unbeholfen und wissen nicht so recht, was sie erwartet, richtig süß eigentlich, aber das legt sich recht schnell. Wir variieren ja ein Spiel, das sie alle schon kennen, und wenn sie das begriffen haben, löst sich die anfängliche Anspannung schnell. Aus manchen werden nach dem ersten Mal

Stammkunden, die sich ein Leben ohne ihre tägliche Dosis Bitch nicht mehr vorstellen können. Solche treuen Kunden sind mir natürlich die liebsten, aber jeder Anruf ist mir willkommen, und sei es auch nur der eine telefonische Seitensprung, der ganz sicher nieeee wieder vorkommt … Ach ja, die Männer … Letztendlich sind sie doch ziemlich berechenbar, so clever sie sich auch vorkommen und so unterschiedlich sie auch sein mögen: Wenn einmal das Stammhirn die Steuerung übernimmt, dann läuft ein Jahrmillionen altes Programm ab, bei dem ich im Grunde nichts tun muss, als sie ein kleines Stückchen des Weges zu begleiten. Klar, das mach ich doch. Man hilft doch gerne.

Avanti, Dilettanti

»Ähm hallo, es ist das erste Mal, dass ich so etwas tue, normalerweise rufe ich solche Hotlines nicht an. Kannst du mir sagen, was ich jetzt tun soll?«

Aha, eine Telefonjungfrau. Das muss jetzt aber unbedingt in die Länge gezogen werden. Zuerst mal ausziehen und zwar am besten ganz. Dann darf er das tun, was er zu Hause unter der Bettdecke auch selbst tut. Ist doch keine Hexerei, oder?
Er ist hin und weg, schwebt im siebten Himmel

und ist begeistert, dass ich ihm dabei helfe. Allein macht es ihm keinen Spaß. Wie bei jedem anderen Kunden säusele ich ihm ins Ohr, dass ich nach so langer Zeit mal wieder einen richtigen Orgasmus hatte, da alle anderen nicht mit ihm mithalten können. Sein Schwanz war bisher der beste, sein Stöhnen hat mich um den Verstand gebracht. Seine Stimme ist absolut erotisch und macht mich an. Er darf mich auf jeden Fall nochmal anrufen, wenn es ihm so viel Spaß wie mir gemacht hat. Honig ums Maul schmieren muss des Öfteren sein. Er soll sich wohlfühlen und an mich denken, wenn er das nächste Mal wieder daran denkt, Hand anzulegen. Und natürlich anrufen. Falls seine Telefonnummer erkennbar ist, wird sie mit Namen gespeichert und beim nächsten Anruf von ihm kann ich dann auf der Freundschaftsschiene mit ihm fahren. Die Telefonjungfrauen rufen zu hundert Prozent wieder an. Ich liebe sie!

Es kommt nicht oft vor, dass man mich wie eine Dame behandelt. Dieser neue Kunde schien mir aus einer anderen Welt zu sein.

»Wenn ich mich vorstellen darf: xxx aus xxx, zweiundvierzig Jahre alt und alleinlebend. Hätten sie Zeit und Lust, mich zu verwöhnen?«

Die ganze Zeit hat er mich gesiezt. Dabei bin ich doch anderes gewohnt. Leider werde ich immer wieder mit den schönsten Namen geehrt: »Schlampe«, »Luder« und »Drecksau« sind noch die harmlosesten. Aber damit kann man leben, wenn man weiß, dass man es ja eigentlich gar nicht ist.

Schön dass es auch Kunden gibt, die auf meine Erlaubnis warten.

>Hallo!«
>Ja, hallo! Darf ich ihn jetzt rausnehmen?«
>Aber klar doch! Du darfst ihn rausnehmen.«
>Und jetzt?«
>Wie, und jetzt?«
>Was mach ich jetzt damit?«
>Steht er denn schon oder sollen wir ihn noch aufpäppeln?«
>Steht wie eine Latte!«

Gekommen ist er allerdings ohne meine Erlaubnis. Er hat aber geflucht und sich danach entschuldigt, dass es so schnell ging. Immerhin sieben Minuten ohne Vorspiel. Ist ja deutlich über dem Durchschnitt. Habe ihm diese Information aber vorenthalten.

Ein anderer meiner Amateuranrufer wollte als erstes wissen, ob er ein Kondom benutzen soll oder nicht. Ich dachte, ich hätte mich verhört.

>Telefonsex mit Gummi? Lieber junger Mann, bei mir steckt man sich mit nichts an.«

Es ist sein voller Ernst, er will es so real wie möglich haben. Also sag ich, er soll sich einen überziehen. Da meint er, mit Gummi wär es aber nicht so schön und gefühlsecht. Oh Mann, dann eben ohne. Ja, ob ich denn nicht Angst hätte, mich mit irgendwas anzustecken. Nein, hab ich nicht. Jetzt stell sich das einer vor – er glaubt mir! Also tun wir es ohne. Und, was hab ich davon? Am darauffolgenden Tag bin ich mit Husten und Schnupfen aufgewacht. Das nächste Mal zwing ich ihn einen anzuziehen!

Mit anderen wiederum komme ich leider überhaupt nicht ins Geschäft:

»Gegen wie viel Uhr kann ich heute Abend mit dir rechnen? Soll ich dir eine Wegbeschreibung faxen?«
»Entschuldigung, ich mache keine Hausbesuche!«
»Ach so, ich komme also zu dir?«
»Weder noch, das hier ist eine Telefonsexnummer. Nichts mit Privatkontakt.«

Dann fing er schallend an zu lachen.

»Du wirst doch nicht allen Ernstes glauben, dass ich mir hier am Telefon einen runterhole?«
»Das ist aber der Sinn dieser Nummer, kein Kontakt und alles völlig anonym.«
»Nee Mädel, ich kann es nicht fassen, dass es Männer gibt, die auf solch eine Nummer abfahren und nicht lieber richtig poppen wollen.«
»Poppen wollen sie schon, nur an der Gelegenheit mangelt es gerade. Also helfe ich ihnen.«
»Hey, du verdienst doch nichts hiermit. Von mir

kriegst du hundert Euro fürs Blasen und Poppen,
nach 'ner Viertelstunde bist du hier wieder raus.
Denk doch mal positiv.«
»Okay, habe nachgedacht und eine negative Entschei-
dung getroffen.«
Nochmals bekam ich einen Lachanfall zu hören und
weg war er.

Die Kunden sind aber auch wirklich manchmal etwas
verwirrt.

»Sagen sie mir doch bitte, in welcher Straße sie abends
stehen. Oder machen Sie auch Hausbesuche?«, fragte
mich einer.

Und ein anderer hatte anscheinend auch vollkommen den Überblick verloren:

»Hey, hallo! Kannst du mir mal die Bitch ans Telefon
geben?«
»Ich bin doch dran!«
»Nee, die andere. Die sonst auch immer drangeht.«
»Hier geht nur eine ans Telefon, und das bin ich!«
»Ach, quatsch mich doch jetzt hier nicht voll und gib
mir die andere! Du hörst dich doch gar nicht wie sie
an.«
»Jetzt pass mal auf: Ich kenne dich nicht und ich
kenne deine Stimme auch nicht. Aber ich bin die
Einzige, die hier lebt und Telefonsex macht, okay?!
Kann es vielleicht sein, dass du dich verwählt hast?«
»Für wie blöd hältst du mich eigentlich? Ich habe vor

einer Stunde noch diese Nummer gewählt und da
hatte ich sie dran.«
»Sorry, vor einer Stunde hatte ich hier niemanden an
der Strippe!«
»Ach, egal! Sag mal, bumst du denn auch so gut wie
sie?«
»Na ja, mir wird nachgesagt, ich sei die Beste.«
»Na, dann gib's mir mal ordentlich!«

Na also, es geht doch. Ich weiß zwar bis heute nicht,
wer die andere sein soll und weshalb sie dieselbe
Nummer und denselben Namen hat wie ich. Auf jeden Fall hat sie einen Kunden weniger.

»Geile Puppe, komm und hols dir!«,
begrüßte mich eines Tages ein Anrufer.

Es gibt Kunden, die die Tatsachen ein wenig verdre-
hen. Die denken, sie müssten mich anrufen, um mich
zu befriedigen. Ich wäre die Dame, die nur darauf
warten würde. Und sie sind dann die Retter in meiner
Not.

»Na, wie lange hast du schon auf mich gewartet?
Du musst vor Geilheit ja fast umgekommen sein!
Wie würdest du den Tag ohne mich überstehen?«

Denen bin ich doch etwas schuldig, oder?

»Wenn du es das nächste Mal nicht mehr aushältst,
klingel einfach bei mir durch und ich besorg's dir!«

Hallo?! Einen Moment, ich glaube, der hat etwas missverstanden.

Und dann gibt es Kunden, die mich komplett für sich beanspruchen. Einige sind fest davon überzeugt, meine einzigen Kunden zu sein. Und Fremdgehen kommt ja wohl überhaupt nicht in Frage!

»Sei ehrlich mit mir! Der wievielte Kunde bin ich für heute? Und sag jetzt ja nicht, dass ich der erste bin. Du bist mir bestimmt den Rest des Tages fremdgegangen!«

»Wie kommst du denn darauf? Es ist jetzt neunzehn Uhr, vor zehn Minuten bin ich doch erst nach Hause gekommen und habe mich gleich auf dich vorbereitet. Ich weiß doch, dass du mich um diese Zeit anrufst. Mir würde im Traum nicht einfallen, mit jemand anderem am Telefon Sex zu haben. Ich bin dir doch treu!«

»Dann ist es gut. Du weißt, dass du an mir sehr gut verdienst, und ich verlange nur, dass du das auch nicht vergisst. Und wie steht es mit sonstigem Kontakt? Keinen fremden Männern hinterhergeschaut?«

»Ach wo, ich friste mein Dasein doch in einem kleinen Büro und meine Arbeitskollegen sind alle weiblich, das habe ich dir doch schon erzählt.«

»Na, dann glaub ich dir mal. Und wehe, ich komme dahinter, dass du mich belügst. Dann würde ich mein ganzes Geld zurückverlangen. So, genug gequatscht, verwöhn mich jetzt!«

Aha.

Manche Typen lassen mich einfach nur staunen. Ein ziemlich aufgeregter Mann rief eines Abends an und wollte mein Herr und Meister sein. Ich wollte ihn gerade von meiner Unterwürfigkeit überzeugen, als folgender Satz wie aus der Pistole geschossen kam:

»Und du bist meine Domina!«

Nee nee, zwei Herrscher auf einem Planeten geht nicht. Wie soll das denn funktionieren?

»Auf die Knie mit dir und leck meine Stiefel!«
»Nein! Du gehst auf die Knie, weil du ein böses Mädchen warst!«

In seiner Aufregung hatte der Gute einiges durcheinandergebracht und wir einigten uns letztendlich darauf, dass ich den dominanten Teil übernehmen darf.

»Du musst mir beim Masturbieren helfen, ich weiß nicht, wie es geht!«

Zuerst denke ich natürlich, das kann nicht sein. Aber dann helfe ich ihm, da er anscheinend darauf steht, wenn ich ihm erkläre, dass er dafür an seinem besten Stück spielen muss. Schritt für Schritt führe ich ihn in die Welt der Masturbation ein.

»Nein, muss ich den wirklich in die Hand nehmen?«

Yep, gehört zur Masturbation.

Und zwei Stunden später weiß er schon wieder nicht mehr, wie es geht, denn er ruft mich mit demselben Sprüchlein an. Nun gut, bei mir wird ihm geholfen!

~~~~~~~~~~~~~~~~~~~~~~~~~~~~

Alter schützt vor Geilheit nicht

Wer glaubt, irgendwann sei man zu alt, um bei einer Sexhotline anzurufen, der täuscht sich. Manche Dinge verlernt man wohl nie. Umso besser. Da geht mir nicht so schnell die Arbeit aus, schließlich werden wir ja alle immer älter.

Oft werde ich gefragt, ob es einen Unterschied zwischen älteren und jungen Anrufern gibt. In der Tat, den gibt es.

Die wirklich alten Herrschaften benutzen nettere Ausdrücke wie »deine kleine Muschi« und nennen ihren dann »mein Bengel«. Da sind die Jüngeren schon deftiger ...

Einer meiner rührigsten Alten ist der Kneipenopa. Er ruft fast jeden Tag aus seiner Stammkneipe an. Seine Frau muss ihn hinfahren und auch wieder abholen. Den Führerschein hat er nie gemacht. War immer abhängig von seiner besseren Hälfte. Und nun verzieht er sich mit seinem Handy aufs Kneipenklo. Und hat jede nur erdenkliche Mühe, die richtige Nummer auf der kleinen Tastatur zu drücken:

>Ich habe mich schon drei Mal verwählt, aber jetzt habe ich dich endlich dran und wir können gemütlich loslegen. Warte mal kurz … Ja, Frank, meine Frau ruft mich ausgerechnet dann an, wenn ich auf dem Klo bin. Und dabei weiß sie ganz genau, um wie viel Uhr sie mich abholen soll.«

Ich höre ihn noch kurz lachen und nach weiteren fünf Minuten kramt er mich wieder aus der Hosentasche heraus.

>Dass wir auch immer gestört werden müssen.«
>Hast du denn keine andere Ecke, in die du dich verdrücken kannst?«

Ihm ist durchaus klar, dass er immer wieder gestört wird, solange er am Pissoir steht. Schließlich kommt er auf die glorreiche Idee, sich auf die Kloschüssel zu setzen. Aber schon mehr als einmal hat er vergessen, die Tür zu verschließen, und mehrmals wurde er auf frischer Tat ertappt. Aber man kennt den Kneipenopa und alle männlichen Gäste der Kneipe scheinen es ihm zu vergönnen, denn der ein oder andere hat die Toilette schon betreten und lauthals gerufen: »Na, bist du wieder am Rummachen, Opa?«
    Niedlich, oder?

Ein anderer Oldie meldet sich immer wieder so:

»Bist du da?«

Na klar, hätte ich sonst abgehoben?

»Bist du bereit?«

Allzeit bereit, der Herr! Ein lustiger alter Kauz, der es noch dringend nötig hat. Fast jeden Abend ruft er gegen zwölf an, versucht so leise wie möglich zu sein, um seine Frau nicht zu wecken. Aber er hat anscheinend sein Hörgerät schon abgeschaltet, denn sein Versuch leise zu sein bringt mich dazu, den Hörer weit weg vom Ohr zu halten. Bleibt zu hoffen, dass seine Frau auch nicht mehr so gut hört.

Ein Neunundsiebzigjähriger ruft mehrmals die Woche an. Meistens abends aus dem Badezimmer, in dem er sich versteckt. Des Öfteren höre ich seine Frau rumnörgeln, dass er doch endlich ins Bett kommen soll. Eigentlich will er nur meine Stimme hören. Und er bettelt mal wieder, ob er mich wirklich nicht besuchen darf.

> »Ich fasse dich auch nicht an! Ich schwörs dir!
> Ich will sie (meine Muschi) nur sehen. Und eben ein
> wenig an mir rumspielen. Da geht eh nichts mehr.
> Der kommt nicht mehr hoch. Ich will nur das Gefühl
> zurück haben, dass so ein wunderbares junges Ding
> es mir besorgen würde … wenn ich könnte. Bitte!«

Und wie immer gebe ich ihm auch jetzt wieder eine

Abfuhr. Er bietet Geld, einiges an Geld. Ich rate ihm, eine andere Dame aus den einschlägigen Anzeigen anzurufen und zu fragen. Aber nein, ich soll es sein. Woche um Woche vergeht und er gibt nicht auf.

Klar, dass ihr kleiner schrumpeliger Geselle es nicht mehr in die Höhe schafft und so langsam vor sich hinsiecht. Ein Kunde hat mich mal gefragt, warum es grünlich bei ihm rauskommt. Da wurde ich auch grünlich, und zwar im Gesicht. Habe ihm geraten, mal zum Arzt zu gehen, aber er meinte, in seinen fünfundsiebzig Lebensjahren wäre er noch nie krank gewesen. Wahrscheinlich jetzt umso schlimmer.

Sie lieben es trotzdem, dran rumzufummeln.

Ein anderer alter Herr, lustige fünfundachtzig Jahre, behandelte mich wie ein Gentleman eine Dame. Er siezte mich von Anfang an und zum Schluss sagte er:

»Gibt acht, ich komme.«

Das war vielleicht eine knuffige Bemerkung. Er rief mich aus dem Altenheim an und gab immer ein paar Stories aus seiner Jugend zum Besten. Leider ruft er nicht mehr an, wird wohl verstorben sein.

Vielleicht sollte ich ein paar Flyer in Altenheimen hinterlegen.

Früh übt sich

Neben meinen älteren Kunden habe ich aber auch einige jüngere, die immer wieder ihr Glück versuchen, obwohl die Hotline ja eigentlich erst ab achtzehn ist.

Da muss ich mich auf mein Gehör verlassen und hoffen, dass ich die Minderjährigen erkenne. Es kommt vor, vielleicht zwei- bis dreimal die Woche. Wenn ich denke, dass ich einen Jugendlichen in der Leitung habe, mache ich ihm klar, dass mein Service für Leute ab achtzehn ist. Natürlich wird dann gemault und darauf bestanden, schon mindestens zweiundzwanzig zu sein, aber wenn sie mir nicht in einer Sekunde ihr Geburtsjahr verraten können, leg ich auf.

Ein besonders hartnäckiger »Nachwuchskunde« ist inzwischen ein alter Bekannter.

Er hat es schon des Öfteren probiert und immer wieder gebettelt. Mit sechzehn fing er an, mich regelmäßig anzurufen. Und war immer sehr ehrlich zu mir, was sein Alter betrifft.

»Aber du weißt doch, dass ich eigentlich nicht mal mit dir reden dürfte?«
»Ich weiß … bitte nur einmal!«

»Auf gar keinen Fall! Die Nummer gilt für Personen
ab achtzehn, und da gehörst du noch nicht dazu.
Ruf nicht mehr an, lass es einfach sein.«

Aber irgendwann war der Tag gekommen. Er wurde
achtzehn. Und da er mir zwei Jahre zuvor seinen Ge-
burtstag verraten hatte und ich ihn sowieso als ein
wenig naiv eingestuft hatte, glaubte ich ihm und
freute mich natürlich mit ihm.

»Oh Mann, endlich kannst du mich nicht mehr abser-
vieren! Ich bin jetzt volljährig und darf dich anrufen.
Alles ganz legal. Und ich bin so aufgeregt, dass ich
mich jetzt erst mal verabschiede und dich später
nochmal anrufe. Ich überlege mir zuerst mal, was ich
alles mit dir anstellen werde.«

Am späten Abend hat er mich angerufen, um mir
mitzuteilen, dass er ziemlich blau sei und noch mit
Freunden um die Häuser zieht.

Seit dem Tag ist er ein regelmäßiger Kunde von
mir. Über etwaige Freundinnen erzählt er mir nichts.
Und ich frag auch nicht. Schade finde ich es schon: In
seinem Alter wäre es doch eigentlich besser, er würde
mit gleichaltrigen Mädels abhängen und sexuelle Erlebnisse anders als am Telefon haben. Vielleicht irre
ich mich ja auch und er hat mehr abwechselnde Lieb-
schaften, als ich denke. Ich wünsche es ihm.

Was bin ich?

Zu meinen Anrufern zählen also sowohl Jungs, die gerade dem Windelalter entwachsen sind, als auch Urgroßväter, die bereits mit einem Fuß im Grab stehen. Aber auch beruflich unterscheiden sich meine Anrufer erheblich.

Auffallend viele Köche und zwei Pizzabäcker rufen mich regelmäßig an. Macht der Beruf in der Küche extrascharf? Einer arbeitet keine zweihundert Meter von mir entfernt und ich bin mehr als einmal an der Tür vorbeigegangen. Er ruft seit Wochen bei mir an, nur um mich kennenzulernen, und ich vertröste ihn immer auf ein nächstes Mal. Ich habe absolut nicht vor, ihn zu treffen oder von ihm zu einer Pizza eingeladen zu werden. Irgendwann will er alle Bekleidungsgeschäfte der Stadt durchkämmen, um mich zu suchen, da ich ihm erzählt habe, dass ich in einem solchen arbeite. Kann er lange suchen, denn ich arbeite in einer ganz anderen Branche. Natürlich bietet er mir ein Haus und finanzielle Sicherheit. Wie lange kann man solche Typen eigentlich bei der Stange halten?

Einer meiner Stammkunden ist Pilot und hat mich hierzulande als Lieblingsbitch auserkoren.

»Man hat es nicht leicht als Pilot. Man ist doch viel
unterwegs und vermisst natürlich auch seine Frau.
Ich bin nicht der Typ, der sich ein Callgirl aufs
Zimmer ruft. Fremdgehen ist nicht mein Ding.
Und irgendwann blätterte ich in London in einer
Zeitung, als mir die Telefonsexanzeigen ins Auge
sprangen. Also habe ich es einfach probiert und bin
in vielen Ländern dabei geblieben. Hier bist du mir
die Liebste.«

Dass viele Piloten eine heiße Affäre mit den Flug-
begleiterinnen haben, sei nur ein Gerücht. Dem sei
wirklich nicht so. Und auch der High Mile Club sei
eine Lüge. Seit zwölf Jahren arbeitet er als Pilot und
bei keinem seiner Flüge hätte es jemand auf der Bord-
toilette getrieben. Und sowieso sei der Beruf des Piloten komplett überschätzt. Durch die vielen Jetlags sei
man sowieso zu nichts mehr imstande.

»Da bin ich froh, wenn ich im Hotel ankommen, meine
Bitch anrufen und entspannen kann. Und mehr als
fünf Stunden Schlaf schaffe ich auch nicht mehr. Da
ist nichts mit Partys feiern und großem Sightseeing.
Oft sehe ich nur das Hotel und den jeweiligen Flug-
hafen. Ich kann mich glücklich schätzen, wenn ich
überhaupt noch weiß, wo ich eigentlich bin!«

Er ist ein netter und aufmerksamer Kunde. Auch
wenn er nur alle paar Monate ein Lebenszeichen von
sich gibt.

Dann gibt es natürlich auch die, die es gewohnt sind, in ihrem Beruf Anweisungen zu geben, und nicht mal beim Telefonsex in einen anderen Modus schalten können. Ich habe einen Anrufer, der spricht selten mehr als ein paar Worte – und das sind folgende:

>>Stöhn!<<
>>Stöhn lauter!<<
>>Ruhe jetzt!<<
>>Nimm ihn in den Mund!<<
>>Jetzt stöhn wieder!<<
>>Schneller!<<

Mehr ist nicht. Vorstandschef? Minister? Oder ein ranghoher Militär? Macht finden ja manche Männer fast so geil wie Sex. Solange sie den Sex dabei nicht vergessen, soll es mir recht sein …

Freaks und Geeks

Man lernt die schrägsten Typen kennen, wenn man eine Sexhotline betreibt. Friseure erfahren ja angeblich auch eine ganze Menge über ihre Kunden, aber bei mir kennen die Männer manchmal kein Halten mehr.

>>Ich bin so allein und hab niemanden zum Kuscheln.<<

Sowas spielt sich nachts um halb drei am Telefon ab. Schon das Schluchzen geht mir durch Mark und Bein. Zum Glück rieche ich seinen alkoholgeschwängerten Atem nicht. Es kommt immer öfter vor, dass Besoffene anrufen. Sie lallen rum (ich verstehe immer nur das Wort »vögeln«) und beschimpfen mich (na, du Dreckshure). Aber so eine weinerliche Nummer hat noch keiner abgezogen. Er fragt, ob ich ihm nicht eine Freundin von mir empfehlen könnte. Na klar, die haben genau auf ihn gewartet. Nein, antworte ich ihm, die sind alle in festen Händen. Da muss doch eine ohne Freund dabei sein, meint er. Leider nicht. Hätte ich besser nicht gesagt, denn er fängt prompt wieder an zu weinen. Nicht einmal in der Kneipe würde er eine aufreißen. Die Frauen rücken von ihm ab.

»Wie viel Zeit verbringst du denn in der Kneipe?«, frage ich.
»Na ja, abends nach der Arbeit, bis die Kneipe schließt.«

Kein Wunder, wer will so einen Mann haben? Ich auf jeden Fall nicht. Er weint und schluchzt noch ein wenig und ich muss ihm versprechen, in meinem Bekanntenkreis Ausschau nach einer Frau für ihn zu halten. Klar doch, wir schaukeln das Kind schon und zur Hochzeit werde ich auch eingeladen.

Vielleicht sollte ich ihn mal mit einem anderen Kunden bekanntmachen, der keine Probleme hat, Frauen kennenzulernen:

»Ich gebe mich als homosexueller Mann aus und
kriege damit alle Frauen ins Bett!«

Ach ja. Es ist ja so leicht, ein Frauenherz zu erobern.
Oder eine Frau in die Kiste zu kriegen.

»Die Damenwelt will mich immer wieder bekehren
und mir beweisen, dass es nichts Schöneres als eine
Muschi gibt. Und schon lasse ich mich dazu überreden
und teste, ob eine Frau nicht doch besser im Bett ist
als ein Mann.«
»Und das geschieht dir dann wohl öfter? Wo reißt du
diese Frauen auf?«
»In ganz normalen Clubs. Mit ein wenig Schmeichelei
und Komplimenten kriege ich sie dazu, mich zu mögen. Wenn ich dann erzähle, dass ich stockschwul bin,
ist ihr Kampfgeist entfacht. Sie sind der Meinung,
dass ich nur noch nicht die Richtige getroffen habe,
da ich sonst meine Vorliebe revidieren würde. Mit ein
wenig Überredungskunst lasse ich mich dann von
der Dame ent- und verführen.«
»Und nach dem Sex?«
»Sage ich immer wieder, dass es ja ganz nett war, aber
mir dann Männer doch mehr zusagen. Die Enttäu-
schung ist groß und sie versprechen mir, dass der
Effekt erst nach mehrmaliger Wiederholung einsetzt.
Also bin ich bereit, es zu einem zweiten Treffen kommen zu lassen. Natürlich mit demselben Ergebnis.«

Und dann wandert er zur nächsten Schwulenumkeh-
rerin. Seine Erfolgsquote mit diesem Trick liege bei

hundert Prozent. Jede neue Bekannschaft sei bettwillig und reif.

Ich selbst bin mit einigen Homosexuellen gut befreundet und habe diese nach dem Telefongespräch befragt. Keiner hat Ähnliches erlebt. Keine lustvollen Frauen, die versucht haben, sie zu bekehren. Nicht eine einzige.

Ich wasche meine Ohren jeden Tag. Hilft mir gar nichts bei den Frauenflüsterern. Sind sie so leise, weil ihre Frau nebenan in der Küche hantiert? Oder finden sie es einfach nur sexy? Von mir wird verlangt, dass ich rumschreie und meine »Uuuhs« und »Aaahs« in einer Lautstärke von mir gebe, die an eine Sirene erinnert. Ich hingegen höre sie so schlecht, dass es immer wieder zu Missverständnissen kommt.

»Stehst ... bumsen ... Arsch?«
»Nein.«
»Ah, du magst es also nicht?«
»Doch!«
»Gerade ... nein ...«

Da verstehe mal einer die Männer. Es wird genuschelt, Pornos oder Musik laufen im Hintergrund und einige legen den Hörer neben sich, da sie anscheinend beide Hände benötigen, um zum Erfolg zu kommen.

Und es gibt echte Genießer:

»Mmmhhhhh, schmatz schmatz, mmmmmmmhhhhh ...«

Solche Töne gibt er seit fünf Minuten von sich. Was macht der nur? Isst der etwa? Irgendetwas scheint ihm köstlich zu bekommen. Ich frag mich nur, was das sein soll. Also frag ich nach, ob er gerade isst.

»Nein, ich leck meine Hand ab und stell mir dabei vor, es wäre dein Pipischlitz!«

Aha, wieder einen neuen Ausdruck gelernt. Knutschen nicht Teenies ihre Hand ab, um das Küssen zu lernen? Aber es kommt noch besser. Er will nämlich, dass ich auch schmatzende Geräusche von mir gebe, wenn ich ihm einen blase. Also schmatze ich drauf los, was das Zeug hält. Des Weiteren äußert er keine Wünsche, was mich doch sehr beruhigt.

Ein anderer Anrufer jammert, er sei wirklich schon sehr geil. Kein Problem, es ist mein Job, ihm dabei Abhilfe zu verschaffen. Doch sprachlos bin ich schon, als er mir mitteilt, dass er noch nicht ausgezogen ist. Braucht er gar nicht, besteht aber darauf, dass ich ein paar Minuten warte, bis er sich seiner Kleidung entledigt hat. Also warte ich. Die meisten rufen an und haben ihren Schniedel schon ein bisschen bearbeitet. Warmgerubbelt. Ist doch schnell aus dem Hosenschlitz hervorgeholt. Der hier scheint auf nacktes Fleisch zu stehen. Und tatsächlich kommt die Frage, ob ich denn auch nackt sei. Bei zehn Grad Außentemperatur laufe ich nur nackt zu Hause rum. Auf die Frage, ob ich irgendein Deo, eine Lotion oder ein Parfum benutze, antworte ich zuerst mal mit Nein. Kann mich ja immer noch einsprühen oder eincremen, wenn er darauf steht. Tut er aber nicht. Mein Körper soll nach Frau riechen und durch keinen fremden Duft verfälscht werden. Er könne nämlich bei jeder Frau riechen, ob sie einen Orgasmus hatte oder nicht. Ach nein! Doch, und er will mir beim nächsten Anruf ganz genau erklären, wie das möglich ist. Bin ja mal gespannt.

Eines Tages hatte ich einen wahren Dirigenten am Telefon:

»So Mädel, dann fang mal an zu blasen. Zuerst saugst du mir schön langsam mit der Zunge rundherum, danach nimmst du ihn ganz tief bis in den Hals in den Mund. Danach drehst du dich um, damit ich es dir von hinten besorgen kann. Aber alles schön langsam. Wir sind ja nicht in Eile und wir wollen es doch beide genießen, oder?«
»Ja …«, setze ich an, doch er fällt mir ins Wort.
»Und nun pass auf! Jetzt setzt du dich breitbeinig auf den Tisch, damit ich schön in dich eindringen kann …«

Und so geht es zwanzig geschlagene Minuten weiter. Er dirigiert mich durch die ganze Wohnung und positioniert mich auf jeden Sessel und jeden Stuhl. Mich lässt er dabei überhaupt nicht zu Wort kommen und auch zum Schluss meint er nur:

»Das hat dir doch nun sicher sehr gut gefallen und ich werde mich demnächst wieder bei dir melden.«

Auch wenn ich keinen Ton von mir gebe, seufzt er zufrieden in den Hörer. Wäre nur jeder Kunde so unproblematisch wie er. Keine Extrawünsche, nur einmal durch die Wohnung bumsen. Ein wenig mehr Mitsprecherecht wäre aber doch angebracht. Aber die Größe seines Hauses hat mich doch beeindruckt.

Dass ich mich manchmal von Kunden anbrüllen lasse, gehört zum Geschäft. Einer war so richtig wütend und hat so laut geschrien, dass mir fast das Trommelfell platzte. Vor etwa einer Woche fragte er mich, ob ich denn viele Haare an meiner Muschi hätte. Ich antwortete, dass ich glatt rasiert sei, und musste ihm versprechen, sie für ihn wachsen zu lassen. Da er aber noch kein Stammkunde ist und ich ihn an der Stimme noch nicht erkenne, erzählte ich ihm gestern Abend schon wieder, wie glatt meine Pussy ist.

»Du dumme Kuh hast mir versprochen, die Haare wachsen zu lassen! Dich werde ich auch nicht mehr anrufen. Immer diese leeren Versprechen von euch Weibern!«

Bye bye Realität, hallo Größenwahn …

Andere sind freundlicher:

»Na, mein Engel, beschreib dich mal.«

Jeden Tag stellt er mir die Frage und jeden Tag antworte ich dasselbe. Was würde geschehen, wenn ich

mich mal anders beschreiben würde? Er ändert nämlich jeden Tag seinen Namen, nur die Telefonnummer auf dem Display bleibt dieselbe. Ein seltsamer
Kauz, oder ist es ihm vielleicht peinlich, dass er jeden
Tag anruft? Will er etwa mal darauf angesprochen
werden? Irgendwie traue ich mich nicht, da ich ihn
damit womöglich vergraule. Also soll er seinen Spaß
haben.

»Wie feucht ist deine Muschi denn schon?«

Meine Standardanwort:

»Die ist nicht feucht sondern klitschnass!«

Genau auf diese Antwort hat er gewartet, und ich
kann hören, wie er sein gutes Stück bearbeitet. Drei
Minuten später ist er dort angekommen, wo er hin-
wollte. Ein Danke ist nicht mehr drin – erwarte ich
auch gar nicht – und er legt auf. Ich bin mal gespannt,
wie er morgen heißt. Er hat bestimmt eine Liste oder
ein Buch mit Namen bereitliegen, denn ich kann
mich nicht erinnern, dass er auch nur einmal denselben benutzt hat.

Vielleicht ändere ich ja auch mal meinen Namen.

Ich habe auch einen früheren Stammkunden, der erheblich mehr wechselt als nur seinen Namen. Wo-
chenlang rief er täglich eine Stunde an. Plötzlich war
Funkstille. Ich hatte ihn schon vergessen, bis er sich
eines Tages wieder meldete. Mit derselben Telefon-

nummer, die ich nach wie vor gespeichert hatte. Nur leider hatte er sein Gedächtnis wohl verloren.

Sein Name war ein ganz anderer. Er war nicht mehr Besitzer von zwei Restaurants sondern von zwei Bäckereien. Seine Frau war nur noch eine Freundin. Diese erwartete aber nach wie vor ein Kind. Aus seinem Hund war eine Katze geworden. Seine Wohnung war jetzt eine Villa, da er eine größere Summe im Lotto gewonnen hatte. Seinen Urlaub verbrachte er nicht mehr wie jedes Jahr in Spanien sondern seit Jahren schon auf Jamaika. In nur einem Jahr war er vier Jahre jünger geworden. Nur das Rauchen hatte er noch nicht aufgegeben und das Trinken auch nicht.

Ich müsste ihn eigentlich bewundern, dass er am Telefon besser lügt als ich. Ich habe ihm einige Fallen gestellt und er ist nicht hineingetappt.

Gibt es wirklich so viele Männer, die während des Geschlechtsverkehrs keinen Ton von sich geben? Oder ist das nur so, wenn sie bei mir anrufen? Ich mag es einfach nicht, wenn ich mir am Telefon einen abstöhne und auf der anderen Seite nichts höre. Ab und zu frage ich nach, ob noch jemand da ist und außer »Ja, mach weiter!« kommt da nichts. Noch nicht mal Atemgeräusche sind zu hören.

Einmal wurde es mir einfach zu bunt, die Einzige zu sein, die einen Ton von sich gibt, und so blieb ich einfach stumm. Der Kerl blieb noch ganze sechs Minuten in der Leitung und legte dann auf. Vielleicht macht es ihn an zu wissen, dass da jemand in der Leitung ist. Merkwürdige Typen gibt es.

Manche stehen eher auf Gewaltspielchen. Am Anfang habe ich mich aber schon gefragt, ob ich jetzt Todesängste ausstehen muss, als mir ein Kunde mit folgenden Worten drohte:

> »Ich weiß, wo du wohnst, werde deine Tür einschlagen und dir dann deinen Hals umdrehen!«

Am Anfang ging mir der Hintern auf Grundeis, bis sich das Ganze wöchentlich wiederholte. In der Zwischenzeit weiß ich, dass er darauf steht und sich damit aufgeilt. Mir ist nicht wohl bei dem Gedanken, dass er vielleicht verheiratet und seine Frau Misshandlungen ausgesetzt ist. Hoffentlich ist es nur eine Phantasie von ihm und er lässt sie niemals Wirklichkeit werden.

Bei anderen bin ich mir nicht so sicher, ob sie es mit ihrer Gewalt bei Spielchen belassen. Der Tag hatte eigentlich gut angefangen mit Kunden, die recht nett waren. Dann der hier:

> »Darf ich dich so richtig derb beschimpfen?«
> »Wenn's sein muss.«
> »Na gut, du verdammte Hure, ich nagel dich jetzt an die Wand, dass dir Hören und Sehen vergehen wird!«

Er wurde von Minute zu Minute brutaler. Inklusive Schlägen. Der hat mir schon ein wenig Angst gemacht. Ich will gar nicht wissen, ob dieser Kerl eine Partnerin hat. Da werden blaue Flecken und Brüche jeglicher Art Alltag sein. Er hörte sich nämlich nicht so an, als ob das Ganze nur eine Phantasie von ihm wäre. Beim nächsten Mal werde ich auflegen, wenn er wieder dran ist.

Und leider gibt es dann auch noch die, bei denen es überhaupt nicht mehr um Sex geht, sondern die irgendwelche Rachegelüste ausleben wollen. Oder wie lässt sich dieser Vorgang erklären?

Das Telefon klingelt, ich heb ab und es schrillt und pfeift in meinem Ohr. Zu spät, um das Headset vom Kopf zu reißen. Da hat sich jemand den Scherz erlaubt, mich mit einer Trillerpfeife zu erschrecken. Eine halbe Stunde später folgt der zweite Angriff. Und wieder schmerzt mein Ohr. Vorsichtshalber nehme ich das Headset weg und telefoniere die nächste Stunde ganz normal. Bei jedem Abheben halte ich das Telefon gute dreißig Zentimeter vom Ohr weg und es folgen tatsächlich noch zwei weitere Attacken. Was denken sich die Leute bei solchen Scherzen? Oder ist es ein unzufriedener Kunde? Die wütende Ehefrau oder Freundin? Die Konkurrenz? Jemand, der generell etwas gegen Sexdienstleistungen hat?

Aber es gibt auch richtig liebe und nette Kerle. Leider manchmal mit einem sehr großen Komplex: Die Größe eines Anrufers beträgt nur einen Meter vierundfünfzig. Körpergröße wohlgemerkt. Es ist eine regelrechte Last für ihn, eine Freundin zu finden. Und ich trage zu seinem Unwohlsein auch ein wenig bei. Schon bei seinem ersten Anruf lautete seine erste Frage, wie groß ich denn sei. Auf meine gelogene Antwort, dass ich einen Meter vierundsiebzig sei, reagierte er richtig schockiert.

> »Ach du meine Güte! So groß? Da bin ich ja ein Wicht neben dir! Du könntest mir ja die Schuppen von der Kopfhaut blasen!«

Über seine Penislänge will er gar nicht erst reden.

> »Eine normal große Frau hätte doch gar keinen Spaß mit mir. Das fängt ja schon beim Küssen an. Welche Frau will sich schon zu einem Mann runterbücken müssen? Und erst die Sexpositionen! Missionar geht ja noch, Doggy auch. Aber ich könnte beim besten Willen keine Frau hochheben, gegen die Wand drücken und durchvögeln. Oder es ihr auf dem Küchentisch besorgen, es sei denn, es ist ein Kindertisch. Es gibt so vieles, worauf ich verzichten muss!«

Und seine Liste ist unendlich lang. Aber das Schlimmste sei der Sexverzicht. Sogar sein Versuch bei einer Prostituierten sei fehlgeschlagen, nachdem diese Witze über ihn riss. Also bin ich zu seiner besten Freundin geworden. Wenn auch nur übers Telefon. Mit mir kann er all seine unerfüllten Wünsche ausleben. Und in seiner Phantasie bin ich nicht größer als er, nein, er überragt mich mit seinen ein Meter neunzig um einen ganzen Kopf.

Er ist der beste Stecher weit und breit und will mir das mit seinem Brunftschrei auch beweisen – der Hirsch:

»Soll ich dich mal hören lassen, wie geil ich bin?«

Na, wenn es sein muss.

»Aber sicher, ich freue mich doch, wenn du geil bist.«
»Uuuuuuuuuuuuuuuuuuuaaaaaaaaaaaaaaaaaaaaaaaaaaahhh
hhhhhhhhhhhhhhhh!«

Na gut, jetzt wusste ich, dass er wirklich in Stimmung
war.

»Wenn du mich bei dir vorbeikommen lässt, dann
kann ich dir auch persönlich zeigen, wie geil ich bin!«
»Nee du, das geht nicht und das weißt du auch.
Und nein, ich mache keine Ausnahme!«

Schwupps, weg war er. Es gibt Tage, da wollen alle immer nur vorbeikommen.

Nie im Leben hätte ich gedacht, dass ich das erleben
darf. Nach so vielen Horrorstories über Männer, die
ihr bestes Stück in das Staubsaugerrohr stecken, war
ich der Meinung, dass wohl kein Mann mehr so
dumm sein könnte und es trotzdem tut. Weit gefehlt!
Eines Morgens war ich Ohrenzeugin, wie ein Kunde seinen Staubsauger anschmiss und lauthals los-
stöhnte und schrie: »Ja, Baby, komm saug mir alles
raus!«
Ich hätte einiges dafür gegeben, auch Augenzeugin
zu sein. Gerne hätte ich mein ungläubiges Gesicht gesehen, als ich das Geräusch des Staubsaugers erkann-

te. Er steht darauf, er kann die Saugkraft einstellen und behält den Stecker immer in der Hand, erzählte er mir. Oh Mann, eigentlich glaube ich es immer noch nicht.

Eines Tages bin ich erst knapp zwanzig Minuten zu Hause und habe schon den Weihnachtsmann an der Strippe. Laut seiner Beschreibung sieht er nämlich ganz genau so aus. Mit weißem Wattebart und Kugelbauch.

>>Stell dir den Weihnachtsmann vor und schon weißt du, wie ich aussehe!<<

Ich will aber keinen Telefonsex mit dem Weihnachtsmann! Ich will einen David oder einen Keanu. Zur Not kann es auch ein Robbie sein. Aber doch keinen, der so aussieht wie Santa!

Die Männer wollen doch auch eine Pamela oder sonst ein Playboyhäschen. Ich stelle mir den Weihnachtsmann nackt und mit seinem Schniedel in der Hand vor und muss grinsen. Gleichzeitig schüttelt es mich.

Fetischisten und Co.

Ich nenne ihn Robin Hood, den Mann in Strumpfhosen. Er erzählt mir, dass er seine Strumpfhose anhat, natürlich mit einem Loch im Genitalbereich. Er liebt Strumpfhosen und selbstverständlich trage ich auch gerade eine, wenn er anruft. Es geht ihm überhaupt nicht um die Beine, die drinstecken, sondern um die Strumpfhose selbst. Manchmal nimmt er sie nur in die Hand und masturbiert damit. Er stellt sich vor, wie ich mich, nur damit bekleidet, an ihm reibe. Ach ja, es dürfen auf keinen Fall die schwarzen sein sondern die hautfarbenen. Es gibt Kunden die mich nach einem getragenen Slip fragen – das ist ja fast schon normal –, er will meine Strumpfhose. Dabei hab ich gar keine. Jedem sein Fetisch.

Manche stehen dann doch eher auf das, was die Strumpfhose verbirgt. Nein – nicht die sexy Beine ...

Eines Tages werde ich gefragt, was ich denn jetzt gerade mache. Nun ja, bin gerade aus der Dusche und trockne mich ab.

Falsche Antwort. Er erzählt mir kurz, dass er auf Füße steht und diese auch ein wenig nach Schweiß riechen sollen. Dann schlägt er vor, dass er auflegt und wir das Ganze noch mal von vorne beginnen.

Auch gut, mir soll's recht sein. Beim zweiten Anruf erzähle ich ihm also, dass ich gerade dabei bin, barfuß auf dem Hometrainer zu trainieren, und meine Füße recht schwitzig sind. Gut gemacht, denn er atmet tief ein. Ob er sie wohl ablecken könnte? Klar doch! Und er nimmt jede einzelne Zehe genussvoll in den Mund und saugt sie ab. Dann soll ich ihm bitte mit meinen Füßen einen »abrubbeln«. Mann, schon wieder eine Turnübung!

Bei Turnübung fällt mir immer mein »Sportsfreund« ein: Am meisten macht es ihn an, den Eiskunstläuferinnen zuzusehen.

»Hey, man sieht den kompletten Arsch und diese geilen Beine! Und was die für Verrenkungen mit ihrem Körper anstellen, da kommt es mir beim Zusehen!«

Er liebt also Sport, solange die Damen halb nackt sind, und da gibt es ja einige. Oder wie ist das mit Monica Seles, die bei den Aufschlägen immer so laut gestöhnt hat? Das muss doch der Traum eines jeden Sportsfreunds gewesen sein. Da denkt die Ehefrau nichts Schlechtes, wenn der Ehemann sagt:

»Du Schatz, ich guck jetzt Sport.«

Okay, auch männliche Athleten verfügen über einen klasse Körper, trotzdem kann ich mir nicht vorstellen zu masturbieren, wenn ich ihnen beim Hochsprung zusehe. Vielleicht gibt es ja irgendwo Frauen auf der Welt, die sicht lustvoll beim Sumoringen fingern.

Eines Tages hatte ich anscheinend Tarzan persönlich an der Strippe. Er liebt buschige Mösen. Je mehr Haare dran, umso mehr Genuss kommt bei ihm auf. Am liebsten sind ihm die Frauen, die auch noch Haare an den Beinen haben. Ich habe schon einiges an Haar aufzuweisen, vor allem auf dem Kopf. Habe ich ihm aber nicht gesagt, sonst wäre er wohl sauer geworden. Also war ich seine Schimpansenfrau. Zum Glück brauchte ich keine derartigen Laute von mir zu geben. Es hat ihn zufriedengestellt, meinen buschigen Körper ablecken zu dürfen. Ich habe aber leider keine Banane als Belohnung gekriegt. Er findet es toll, wenn er leckt und die Haare in seinem ganzen Gesicht kribbeln. Er wird sich doch wohl im Kino bei King Kong keinen runtergeholt haben!

»Der Sommer ist für mich die schlimmste Jahreszeit«, meinte einmal einer.
»Alle Frauen haben kaum etwas an, man sieht jede Brustwarze durch die kleinen engen Tops und ich laufe mit einem Dauerständer durch die Gegend!«

Er wird wohl nicht der Einzige sein. Und für Fußfetischisten ist im Sommer auch Hochsaison.

Im tiefsten Winter bekam ich hingegen mal folgenden Anruf:

»Hallo, Süße. Ich laufe hier gerade im Park herum.«
»Wirklich, so spät abends noch? Es ist ja außerdem
ziemlich kalt.«
»Oh ja, ich mag das. Ich hab nur einen Mantel und
Stiefel an.«

Daher wehte also der Wind.

»Wenn eine Frau vorbeigeht, öffne ich meinen Mantel,
damit sie meinen Ständer sieht. Ich bin ein Extremi-
nist!«

Extreministisch komisch auch folgender Fetisch:

»Na du, erzähl mir doch mal, wie dein Körper aussieht!«

Ich gebe wie immer meine Standardantwort zum
Besten.

»Ja, und weiter? Wie viele Muttermale hast du?«
»Na ja, ein paar habe ich schon, die genaue Zahl kann
ich dir nicht sagen.«
»Schade. Und wie steht es mit Narben? Hast du viele
und wenn ja, wie hast du sie dir zugezogen?«
»Ein paar Narben habe ich auch durch Operationen
und kleine Alltagsunfälle. Willst du jetzt noch wissen,
wo ganz genau sie sich am Körper befinden?«
»Ja, das wäre echt klasse von dir.«

Also erzähle ich ihm die Geschichte einiger meiner
Narben. Mein Gott, wie er darauf steht!

»So, nun erzähl mir mal, ob du schon Knochenbrüche hattest.«

Also ehrlich, studiert dieser Typ eventuell Anatomie? Aber ich finde seine Fragen irgendwie witzig und zähle ihm meine Knochenbrüche auf. Ich hatte zwar noch keine, aber da ich ja gut im Improvisieren bin, erfinde ich kurzerhand zwei Armbrüche und einen Beinbruch. Er ist hin und weg und steht kurz vor seinem Orgasmus.

Manchmal bin ich über den Einfallsreichtum meiner Kunden überrascht. Da wird nicht nur Vaseline sondern auch Butter zum Masturbieren benutzt. Nein, dieser Kunde hat eine andere Methode gefunden:

»Oh Mann, du machst mich so geil!«
»Ja, das mach ich doch gerne. Was tust du denn gerade?«
»Ich stecke mir hier eine Karotte nach der anderen in meinen Hintern!«
»Entschuldigung – wie bitte? Doch wohl nicht hintereinander, oder?«
»Nein, wo denkst du hin? Ich habe mir drei Tüten Karotten gekauft und bin nun bei der zweiten angekommen. Ich suche die richtige Größe und das richtige Format. Ist gar nicht so einfach. Tut mir aber sehr gut.«
»Aber wenn es dir guttut, wieso bleibst du nicht bei der einen?«
»Ich kann mich nicht entscheiden!«

»Hast du es schon mit einem Dildo oder Vibrator probiert?«

»Aber sicher! Weißt du, wo da das Problem liegt? Die riechen nicht so gut!«

Seit diesem Gespräch begegne ich jeder Karotte im Supermarkt mit anderen Augen.

Es scheint Frauen zu geben, die den Penis des Mannes mit ihren Zähnen während eines Blowjobs malträtieren. Als Kaugummiersatz habe ich ihn noch nicht betrachtet. Ein Kunde aber mag es, wenn man mal mehr oder weniger mit den Zähnen an seinem Schwanz entlanggritzt. Es stört ihn auch nicht, wenn es anfängt zu bluten. Auch ein leichtes Herumkauen macht ihn an.

Oh Mann, ich denke immer, ich hätte schon alles gehört oder alles gesehen. Kauen, beißen. Und danach genüsslich ablecken.

Dann haben wir noch den Herrn, der es am liebsten ohne mag.

»Bist du Gebissträgerin?«

»Nein, bin ich nicht.«

Falsche Antwort. Na gut, lass ich mir eben mal in einer Minute sämtliche Zähne ziehen. Und das passende Gebiss soll ich dann erst gar nicht anprobieren. Er ist Zahnarzt und bearbeitet nicht nur die Zähne seiner Patientinnen. Die Zahnarztgehilfin wird kurz für eine Zigarettenpause vor die Tür geschickt und schon wird gebohrt. Aber natürllich nicht mit dem Bohrer. Und das nur bei den Damen, die normalerweise ein Gebiss tragen. Und selbstverständlich sind diese alle sehr willig und von seinem Angebot sofort und auf der Stelle angetan. Wer will schließlich nicht zum Zahnarzt gehen und dort auf dem Zahnarztstuhl untenrum gebohrt werden? Wird natürlich nicht in Rechnung gestellt und von der Krankenkasse auch nicht erstattet.

Also lege auch ich mich auf den Stuhl, nehme mein erfundenes Gebiss raus und los geht's!

Was Menschen für Gefühle oder Neigungen haben, hat mich früher nie so sehr interessiert wie heute. Das hat nichts mit diesem Job zu tun. Es ist die pure Neugier, die ganz intime und persönliche Seite fremder Menschen kennenzulernen. Und ich bin erstaunt über die Vielfalt, die sich hier bietet.

»Ich mag keinen Körperkontakt.«

»Und wenn es um Sex geht?« Na, mir ist klar, dass es viele Menschen gibt, die Umarmungen oder den Kontakt mit fremden Menschen in einer U-Bahn nicht mögen.

»Nein, überhaupt keinen. Weder beim Sex, noch bei einem Geburtstagsküsschen oder wenn jemand meine Hände bei der Herausgabe von Kleingeld an einer Kasse berührt. Ich nehme auch keine Arzttermine wahr. Ich glaube, ich würde in Ohnmacht fallen, wenn ein Arzt meinen Körper abtasten oder berühren würde.«

»Aha.«

»Deswegen rufe ich ja auch dich an.«

»Hast du schon mal daran gedacht, dir Hilfe zu besorgen?«

»Nein, dann müsste ich ja zu einem Arzt.«

Irgendwann wird er seine Wohnung nicht mehr verlassen. Er wird solche Angst vor seinen Mitmenschen haben, dass er lieber zu Hause bleibt.

Und natürlich rufen auch die Süchtigen bei mir an. Sexsüchtig, versteht sich:

»Ich treibe jeden Tag Sport, gehe laufen und stemme Gewichte. Und das nur, um auf andere Gedanken zu kommen und mich abzureagieren. Ich könnte den ganzen Tag bumsen und denke immerzu an Sex. Ich weiß, dass ich krank bin.«

Beim Arzt war er schon. In Therapie auch. Während den Sitzungen hat er nur an Sex gedacht. Beim ihm steht er schon, ohne dass er eine Frau sieht. Er steht morgens mit einem Ständer auf und geht damit duschen. Dort mastubiert er und den nächsten Ständer hat er am Frühstückstisch. Er könnte immer und überall. So einer kann einem leidtun.

»Und in zwanzig Jahren werde ich nicht mehr können und mir diese Zeiten zurückwünschen. Aber im Moment verfluche ich sie!«

Sexsucht muss etwas Schlimmes sein. Ein anderer Kunde ruft mich manchmal im Dreißigminutentakt an. Bis zu zwanzig Mal am Tag. Er sagt, er könne nicht anders. Am Anfang tut es ihm noch gut, jedoch nimmt das von Mal zu Mal ab. Seine Eichel fängt nach dem siebten Mal an, gefühllos zu werden. Danach tut es weh und schlussendlich kommt kein Sperma mehr, es folgen unendliche Schmerzen. Er will aber mehr und reibt sich die Hand und den Penis fast wund.

Ich kann mir nicht vorstellen, dass ich onaniere und es mir Schmerzen bereitet. Fühlt sich so eine Prostituierte? Oder hält das nur eine Nymphomanin aus? Minutenlang höre ich ihn verkrampft um einen Orgasmus kämpfen, wohlwissend dass er ihm verwehrt bleibt. Wahrscheinlich hofft er immer wieder auf dieses Feuerwerk in Kopf und Körper. Irgendwie bin ich fast immer erleichtert, wenn er gekommen ist. Dieser hier bringt mich an den Rand der Verzweiflung. Manchmal blutet er sogar und das erinnert mich jedes Mal an den Herrn mit dem Grünzeug ...

höher, schneller,
geiler

Heutzutage ist es natürlich unerlässlich, auch in Sex-fragen sein Zeitmanagement zu optimieren.

Für einige meiner Anrufer ist das allerdings ein Fremdwort. Es ist natürlich ganz in meinem Sinne, wenn sich der Anruf in die Länge zieht, die Uhr tickt schließlich. »Beschreib dich doch mal«, ist wohl eine der am häufigsten gestellten Fragen. Dann wird von der Haarfarbe bis zur Farbe der Fußnägel alles abge-fragt und erst dann wird losgelegt. Pro Minute koste ich zwei Euro. Und so ausführlich, wie ich es den Her-ren erzähle, müssen sie sich nicht wundern, wenn ihre Telefonrechnung am Ende des Monats schon mal dreistellig ausfällt.

Aber nicht jeder ruft an, um eine Nummer zu schie-ben. Es gibt einige, die einfach nur reden wollen. Sie erzählen mir, wie ihr Tag verlaufen ist, und bitten manchmal auch um Ratschläge. Währendessen kann ich meine Hausarbeit erledigen. Ja, es stimmt, ich bügle auch währenddessen. Erledige so einiges im Haushalt. Sollen sie ruhig alle im Glauben bleiben, dass ich den ganzen Tag auf Stöckelschuhen und in Strapsen durch die Wohnung laufe und mich selbstverständlich, wenn sie anrufen, breitbeinig auf die rote Samtcouch lege, um es mir selbst zu besorgen. Meine Güte, ich wäre am anderen Tag wund!

Bei einem Großteil der Männer aber wird Kostenkontrolle ganz groß geschrieben. Zwei Minuten bleiben sie im Durchschnitt an der Strippe, ehe sie kommen und auflegen. Es kommt natürlich auf die Kunden an. Die meisten leisten Vorarbeit und wollen mich nur für den Finalkick an der Strippe haben. Selten muss ich sie aufgeilen. Mit ein paar »Aaahs« und »Jaaas« geben sie sich in der Regel zufrieden.

Und dann gibt es noch den Neunundfünfzig-Sekunden-Mann. Er lässt die Zeit mitlaufen und legt nach genau neunundfünfzig Sekunden auf. Denn ab einundsechzig Sekunden werden fünfzehn Cent mehr berechnet.

Einem sind Zeitmanagement und Termintreue absolut heilig: meinem Sieben-Uhr-Popper. Pünktlich auf die Sekunde, und das jeden Morgen seit zwei Jahren. Nur zwei Worte höre ich von ihm:

»Nimm mich!«

Was folgt, ist ein Drei-Minuten-Quickie, er seufzt zufrieden und bedankt sich, dann legt er auf.

(Neunzig Prozent der Kunden bedanken sich und das hätte ich nie erwartet. So wie R., ein Stammkunde, der sich viermal die Woche meldet. Er raunt mir absolut ordinäre Gemeinheiten ins Ohr und schnauzt mich rüde an, wenn er aber fertig ist, wechselt seine

Stimme über und wird sehr sanft, er bedankt sich artig und wünscht mir noch einen schönen Abend.)

Zwar später dran als mein Sieben-Uhr-Popper, aber dafür deutlich schneller am Ziel war ein anderer Kunde. Nach fünfundzwanzig Sekunden war er fertig.

»Scheiße, ich werde auch nicht jünger!«

Recht hat er!

Noch eiliger hatte es aber ein anderer: »Hilf mir, schnell!«
Wobei helfen? Ach ja, habe fast vergessen, weswegen er anruft. Also wird der Teil mit der Beschreibung und das Aufknöpfen der Hose übersprungen. Sofort umdrehen und los geht's.

»Hörst du, wie meine Eier gegen deinen Hintern schlackern? Ich steck ihn dir ganz tief rein!«, sagt er noch und kommt.

Damit war also schnelle Hilfe gemeint. Der Quickie für zwischendurch. Ganze achtzehn Sekunden hat es gedauert. Männer lieben es von hinten, den Anblick eines geilen Hintern und Brüste, die im Takt dazu wippen. Ich persönlich mag die Nummer auch, hat so etwas Animalisches an sich. Da sieht man doch wieder, wie nahe wir mit dem Affen verwandt sind, oder? Es hat noch kein Kunde diese Nummer abgelehnt. Alle stehen drauf, sei es anal oder vaginal.

Perfektes Zeitmanagement hat mein »Tangotyp«. Vier Minuten bleibt er immer dran, und wenn ich das wirklich mitmachen würde, wäre ich fertig. Ich glaube immer, ich würde mit ihm Tango tanzen. Eins, zwei, drei, von hinten, eins, zwei, drei, Busennummer, eins, zwei, drei, oral, eins, zwei, drei, Missionarsstellung, eins, zwei, drei, ich auf ihm. Und das zweihundertvierzig Sekunden lang.

Er holt wahrscheinlich alles nach, was er in der Woche so verpasst hat. Oder ausgelebt hat. Falls er mit einer Partnerin zusammenlebt, kann ich nur sagen: Respekt, ich ziehe den Hut vor ihr. Die wird einiges an Kalorien verbrauchen.

Bei einem anderen Anrufer ist es hingegen mit dem Zeitmanagement nicht weit her: Er versteht die Welt einfach nicht mehr. Manchmal kommt er schon nach fünf Sekunden (reicht gerade zum Reinschieben), ein anderes Mal kann er sich fast zu Tode poppen (oder eben masturbieren) und ist nach einer Stunde noch immer nicht zum Orgasmus gekommen.

Beleidigt habe ich ihn auch noch.

»Den Fünf-Sekunden-Trip, hast du den immer nur, wenn du mit einer Frau zusammen bist?«
»Du blöde Kuh! Für was für einen Schlappschwanz hältst du mich eigentlich?!«
»Ach Unsinn! Ich kann die Frage auch umdrehen: Poppst du deine Frauen zu Tode?«

Da musste auch er lachen. Er will das alles nur steuern können und im Voraus wissen ob, es sich überhaupt lohnt, in Aktion zu treten.

Tja, das will ich auch. Im Voraus wissen, ob es sich lohnt, den Lottoschein auszufüllen. Morgens überhaupt aufzustehen. Den hochgelobten Film im Kino anzuschauen. Das Telefon abzuheben, ohne dass ein Fünf-Sekunden-Rubbler dran ist …

Manchen aber ist es vollkommen egal, wie lange das Telefonat dauert. Im Gegenteil – je länger, umso besser:

»Willst du schnell und einfach Knete verdienen?«

»Um was genau geht es dabei?«

»Leg einfach den Hörer irgendwo hin und lass ihn liegen, bis die Batterien platt sind.«

»Aha, und wen wird am Ende des Monats der Schlag treffen, wenn die Telefonrechnung kommt?«

»Das ist ja egal. Ich habe hier noch mit jemandem eine Rechnung offenstehen. Und einfacher kann es für uns beide ja nicht werden, oder?«

»Schönen Tag noch, tschüs!«

Ich habe aufgelegt, da es auch andere Rachemöglichkeiten gibt, die nicht so teuer werden. Leider wurde die Nummer unterdrückt, sonst hätte ich zu einem späteren Zeitpunkt zurückgerufen und die Person darauf aufmerksam gemacht.

Nicht mangelndes Zeitmanagement, sondern das Kleingedruckte wurde einem meiner Oldies zum Verhängnis:

Er hörte sich an wie der nette ältere Herr von nebenan. Zwei Tage rief er (siebenundsechzig) mehrmals an, um sich zu »erleichtern«, wie er es nannte, oder um über Gott und die Welt zu plaudern. Stundenlang.

»Es ist schon toll, was man heute mit der Technik so alles tun kann.«

»Ja, das ist nicht ohne. Wie es wohl in hundert Jahren sein wird?«

»Und vor allem kann man ja jetzt stundenlang für einen festgesetzten Preis telefonieren. Ich habe mir jetzt auch so ein Abonnement bei meiner Telefongesellschaft geholt.«

»Das ist schon eine tolle Sache. Da kann man einiges sparen, wenn man Vieltelefonierer ist.«

»Ich meine, unter normalen Umständen und ohne dieses Abo hätte ich dich im Traum niemals angerufen. Was das kosten würde!«

Oh nein!

»Da hast du wohl etwas falsch verstanden oder die Person deiner Telefongesellschaft hat es dir falsch erklärt, aber diese Nummer wird dich auch weiterhin zwei Euro die Minute kosten. Deine Flatrate, also dein Abo, gilt nicht für Servicenummern. Und meine ist eine.«

»Nein, das kann nicht sein. Mir wurde ausdrücklich gesagt, dass ich für fünfzehn Euro jede Nummer im Inland anrufen darf. Warte mal, ich suche das Abonnement mal eben.«

Ich höre ihn davonschlurfen und lege auf, um ihm weitere Kosten zu ersparen.

Zwanzig Minuten später ruft er wutentbrannt an.

»Du dummes Miststück wirst mir mein ganzes Geld zurückzahlen! Ich mache doch hier meine Rente nicht drauf, damit du mich einlullst und mir das Geld aus der Tasche ziehen kannst. Du hinterhältige Kuh, du! Wenn es um Sex geht, holt ihr Weiber euch den letzten Cent bei den Männern. Und überhaupt bist du viel zu jung für mich!«

nur kein

penisneid!

Man sollte meinen, bei einer Sexhotline spiele die Länge des männlichen Gliedes eine untergeordnete Rolle. Schließlich müssen die Anrufer bei mir ja weder den spöttischen Augenaufschlag der angebeteten Dame noch den abschätzig prüfenden Blick eines Geschlechtsgenossen und Mitbalzers fürchten. Und schließlich ist ja auch niemand da, der sich mit eigenen Augen von den rekordverdächtigen Ausmaßen ihres Preispenises überzeugen könnte. Frei von allem Konkurrenzdruck, frei von der männlichen Urangst – wahrscheinlich ist der eigene Schwanz der kleinste und jetzt merken es gleich alle!! – kann der Kunde also seinen niedlichen oder eben beeindruckend großen Johnny liebkosen und sich gleichzeitig auf die Unterstützung meiner unwiderstehlich sexy Stimme verlassen, die Johnny bei seinem Parade-Kunststück assistiert. Bingo – genau das ist Sinn und Zweck einer Sexhotline.

Aber weit gefehlt! Obwohl sich meine Anrufer ja eigentlich entspannen könnten und genießen, dass sie anonym und gänzlich unbeobachtet sind, ist die Länge ihres guten Stücks auch bei ihnen das ganz große

Thema. Sie können anscheinend nicht anders, als der Welt mitzuteilen, was sie in der Hose tragen, sie sind Getriebene, die ungefragt ihr Messergebnis herausposaunen müssen – ob sie sich dabei stets der Wahrheit verpflichtet fühlen, sei dahingestellt. Sie verspüren den unkontrollierbaren Drang, diese nüchterne Längenangabe noch auszuschmücken. Sie versuchen mir bildlich vor Augen zu führen, was ich als Hotlinista verpasse, da das schnöde Telefon ihren kleinen Freund auf Distanz hält und ihm den Zugang zu meiner Liebesgrotte verwehrt. Sie lassen mich teilhaben an dieser Augenweide, an diesem Wunder geballter Männlichkeit ...

Ui, dieser Anrufer hat also einen von dreißig Zentimetern, glatte fünf Zentimeter Durchmesser. Ganz ehrlich, wenn der ihn vor mir auspacken würde, könnte er ihn wieder einpacken und seiner Wege gehen. Und irgendwie glaube ich ihm nicht. Nichts gegen eine stattliche Größe, aber man kann auch übertreiben. Am Telefon hatte ich noch so gut wie keinen, der unter zwanzig Zentimeter in seiner Hose hatte. Bei meiner nächsten Einkaufstour werde ich mal darauf achten, ob es überhaupt noch Kondome in normaler Größe gibt. Die braucht ja keiner. Na, wer hat noch größer, wer bietet noch mehr?

Der durchschnittliche Porno-Penis hat angeblich eine Länge von neunundzwanzig Zentimetern. Das würde erklären, wieso bei Männern die Größe so von Bedeutung ist. Ist ja klar, wenn man beim Pornogucken mit solchen Größen konfrontiert wird. Da wächst der Neid und man denkt, dass alle anderen so ein Gerät mit sich rumschleppen. Ich hatte noch keinen am Telefon, der zugegeben hat, »lausige« fünfzehn Zentimeter zu haben. Und das ist gewiss nicht klein. Für mich auf jeden Fall nicht.

Was für die Männer der Penis ist, sind für uns Frauen die Brüste. Hängen sie oder sind die von der anderen mit Silikon aufgespritzt? Zu klein oder zu groß? Stimmt die Form und passen sie zum Rest des Körpers? Das ist fast noch schlimmer als Penisneid.

»Mein Schwanz ist so groß, den würdest du nie und nimmer in den Mund bekommen!«

Seltsam, dass sechzig Prozent meiner Kunden das Große-Schwanz-Problem haben.

»Nur eine Frau wie Angelina könnte ihn im Mund versenken!«

Ich verschlucke mich fast an meiner Cola. Schwanz versenken, klasse!

»Wieso denn Angelina? Dicke und größere Lippen haben doch nichts damit zu tun. Es kommt doch wohl eher auf die Größe des Mundes an, oder? Da würde ich wohl eher auf Julia tippen!«
»Um Gottes Willen, nein. Natürlich kommt es auf die Lippen an und selbstverständlich käme nur Angelina in Frage.«

Also überlass ich ihn seiner Phantasie, ehe er sauer auf mich wird und auflegt.

Ein anderer Penisprotz schwärmte mir einmal zum wiederholten Mal von seinem Prachtexemplar vor, woraufhin ich ihn gebührend für seine Manneskraft bewunderte. Diese Bauchpinselei hatte er gebraucht und holte auch schon zum nächsten Schlag aus.

»Zwei Hände brauche ich, um meinen Schwanz zu bearbeiten!«

Ich frage erst gar nicht nach, ob er auch ein Headset trägt, sondern bin hin und weg von diesem Geschöpf Gottes. Warum haben nicht mehr Männer solch einen prächtigen Penis? Auch darauf hat er eine Antwort parat:

»Wie denn, es kann ja nur einen geben!«

Manchmal bin ich überzeugt, dass einige nur bei mir anrufen, um zu protzen. Sie haben den längsten Dauerständer, den es gibt. Oder blasen sich mehrmals am Tag den eigenen Schwanz.

Yep! Einer will es wirklich können. Wie schön für ihn. Er braucht ja gar keine Frau. Was man nicht alles aus Langeweile ausprobiert. Ich habe es noch nicht probiert und werde auch in Zukunft keinen Gedanken daran verschwenden. Und so gelenkig bin ich wirklich nicht. Aber laut einer Studie probiert es anscheinend jeder zweite Mann. Wieso eigentlich? Nur um zu wissen, wie es ist, wenn man »ihn« im Mund hat?

Aber zurück zu meinem Alleskönnerkunden. Er erzählte mir, dass er sich gar nicht so sehr verrenken muss und dass er eine bessere Blastechnik als jede Frau hat. Keine Frau kann so gut daran saugen wie er. Natürlich hat er nichts gegen Sex mit einer weiblichen Person, aber den Blowjob übernimmt er selbst. Selbst ist der Mann!

wie sie wünschen,
der herr

Wer sagt, dass man eine Sexhotline nur anrufen kann, wenn man eine helfende Hand beim Masturbieren braucht? Schließlich muss ich ja als moderne Dienstleisterin auf die verschiedensten Wünsche meiner Kunden eingehen. Manche versprechen sich von mir sogar individuelle Beratung für die etwas komplexeren Lebenssituationen – die Phonebitch als Life Coach, was sagt man dazu?

Na ja, irgendwie kann ich sie verstehen: Schließlich habe ich mir als Phonebitch schon eine gewisse Lebenserfahrung erarbeitet, die anderen abgeht. Wer betreut schon so viele Menschen in wirklich akuten Notsituationen? Die Phonebitch als Kriseninterventionsteam ... auch nicht schlecht.

Um es kurz zu machen: Ich bin bereit, die Rolle zu spielen, die mein Kunde von mir erwartet, und ganz im Vertrauen – so erfüllend ist es nun auch wieder nicht, den ganzen Tag ins Telefon zu hecheln. So nehme ich die Einblicke, die sich mir ab und an in das Privatleben meiner Anrufer eröffnen, gerne als kleinen beruflichen Bonus mit. Oder nennen wir es innerberufliche Weiterbildung, auch in meinem Job lässt sich lebenslang lernen. Durch die enorme Wandlungsfähigkeit, die mir meine Tätigkeit abverlangt, habe ich sie inzwischen alle im Repertoire: die peitschenschwingende Domina (meine virtuelle Lederausrüstung würde jeden Hell's Angel vor Neid erblassen lassen), die mitfühlende Krankenschwester, die sich wie eine Mutter um die Wehwehchen ihrer (ödipalen) Patienten kümmert, oder eben die patente Beraterin für alle praktischen Fragen des Lebens, ober- oder unterhalb der Gürtellinie. »Sie sind verbunden mit der Phonebitch: Drücken Sie die Eins für Blowjobs, die Zwei für Hardcore, die Drei für Fragen rund um Ihre Versicherung ...«

Sonderwünsche

Die Frage des Tages stellte mir eines Morgens um sieben Uhr ein Kunde:

»Guten Morgen! Könntest du mir meine Trübsal wegblasen?«

Ich musste loslachen und blies sie ihm natürlich umgehend weg.

Ein anderes Mal wollte ein Anrufer seine Selbstbeherrschung testen:

»Hallo! Also, ich befinde mich hier unter sehr vielen Leuten und ich wollte mal testen, wie lange ich es schaffe, nicht scharf und spitz zu werden. Und ich will, dass du dein Bestes gibst, wenn das möglich wäre?«

Na klar, junger Mann, packen wir es an! Also gab ich mein Bestes, und der Gute konnte nach neunzig Sekunden nicht mehr.

»Sorry, du kannst aufhören, ich pack's nicht mehr. Danke aber.«

Einmal versuchte einer meiner Lieblingskunden, mich zwischen vier und fünf Uhr morgens zu erreichen. Um die Zeit schlafe ich tief und fest, aber ich wusste, dass er irgendein Problem hat. Er ist einer der Seltenen, die noch nie mit mir über Sex geredet haben. In der Nacht von Samstag auf Sonntag erwischte er mich auch und es wurde ein sehr langes Gespräch. Er erzählte mir von seinen Problemen mit seinem Sohn, dass dieser Anfang letzter Woche fast das Haus abgefackelt hatte. Der Junge würde in letzter Zeit nur Mist bauen. Der Kunde spricht gerne mit mir über seine Probleme, da ein Außenstehender die Sache vielleicht in einem anderen Licht sieht. Sich mit ihm zu unterhalten ist angenehm, er redet mir wenigstens kein Ohr ab. Ich kenne seine ganze Familiengeschichte und es tut mir immer wieder leid, ihm kleine Notlügen erzählen zu müssen. Er weiß, dass ich lüge, was mein Alter und meinen Wohnsitz betrifft, und es ist ihm egal. Mit ihm am Telefon kann ich mich frei in der Wohnung bewegen, ohne darauf zu achten, irgendein Geräusch zu verursachen, das nicht zum eigentlichen Telefonsex gehört. Ich wünsche mir mehr solche Kunden.

Einem anderen Anrufer sollte ich bei seinen Familienproblemen mithilfe eines Eifersuchtstests helfen:

»Hallo, sagen Sie mal, könnten Sie mir einen Gefallen tun?«

»Kommt darauf an, um was es sich handelt.«

»Ich gebe Ihnen meine Telefonnummer und Sie würden morgen zwei- bis dreimal bei mir anrufen. Meine Frau wird rangehen und Sie brauchen nur nach mir zu fragen. Da ich in der Arbeit bin, wird sie Ihnen das auch mitteilen. Mehr will ich eigentlich gar nicht.«

»Und was genau bezwecken Sie damit?«

»Wir sind seit fünfunddreißig Jahren verheiratet und leben nur noch so nebeneinander her. Ich will einfach wissen, ob sie mich noch liebt und wenigstens ein bisschen eifersüchtig oder misstrauisch wird. Ich weiß nicht, wen ich sonst fragen könnte außer Sie oder eine andere Dame übers Telefon. Bitte, helfen Sie mir! Ich gebe Ihnen auch meine sämtlichen Privatdaten, falls Sie mir nicht glauben.«

Er wollte mich am gleichen Abend noch einmal anrufen, um mir damit zu beweisen, dass er wirklich unter der angegebenen Nummer lebt und nicht irgendeinen Bekannten reinlegen will. Er erinnerte mich ein wenig an den Mann, der mich Jahre zuvor mal gebeten hatte, mehrmals in seinem Büro anzurufen, da er seinen Arbeitskollegen eine Freundin vortäuschen wollte. Damals schlug ich die Bitte ab. Inzwischen dachte ich anders darüber. Vielleicht ergab sich ja eine neue Einnahmequelle mit solchen Wünschen?

Der Mann hat sich abends allerdings nicht mehr bei mir gemeldet und deshalb war die Sache für mich erledigt.

Dass ich manchmal um Rat gefragt werde, ist ja keine Seltenheit. Aber bei dieser Frage musste ich passen:

»Du, hör mal, ich rufe eigentlich an, um dir eine Frage zu stellen. Meine Freundin und ich haben jetzt vor zu heiraten, und da wir beide recht häufig, na ja, eigentlich täglich, Sex haben und auch auf außergewöhnliche Praktiken stehen, haben wir uns gefragt, ob wir unsere Hochzeitsliste nicht in einem Sexshop erstellen können. Glaubst du, das geht? Machen die auch so was?«

Gute Frage und echt verrückter Wunsch.

Auch bei folgendem Problem konnte ich leider nicht weiterhelfen:

»Kann ich dich mal was fragen?«
»Klar doch, schieß los!«
»Hast du auch so viele Pickel auf dem Hintern? Woher habe ich die und wie krieg ich sie wieder weg?«

Darauf konnte ich ihm nicht antworten. Und nein, ich habe keine Pickel auf dem Hintern!

Meine Kunden lieben Spiele jeglicher Art. Seien es Sexspiele oder Ratespiele.

Ein Kunde wollte, dass ich am Ende errate, ob sein Orgasmus gefakt war oder nicht. Eine Belohnung sollte es auch für mich geben. Falls ich richtig liege, würde er mich am selben Tag nochmal anrufen, und falls nicht, dann eben am nächsten. Na gut, meine Chancen standen immerhin eins zu eins, und beim ersten Mal lag ich leider daneben. Er hatte ihn gefakt. Habe ich natürlich sofort gehört, ich wollte eben nur nett sein.

Ein Stammkunde und ich unterhielten uns noch ein paar Minuten, nachdem er seinen Spaß hatte.

»Hör mal, ich habe mich bei ›Wer wird Millionär‹ ange-meldet und wollte dich fragen, ob ich dich als Telefon-joker nehmen kann, wenn es soweit ist?«

»Du bist ja lustig! Und du würdest mir das zutrauen?«

»Na sicher! Ich kenne dich ja nun schon einige Zeit und bin der Meinung, dass du über ein gutes Allge-meinwissen verfügst!«

»Ist ja ganz lieb von dir, aber Allgemeinwissen genügt für die Sendung kaum.«

»Ach, sei kein Frosch und sag einfach ja.«

»Es wollen Millionen Leute bei der Sendung mitspie-len. Und mal angenommen, sie nehmen dich, würdest du auf die Frage, was dein Telefonjoker beruflich macht, allen Ernstes antworten ›Sie ist Telefonsexanbieterin‹? Du wärst die Tage danach die Titelmeldung in allen großen Tageszeitungen!«

»Dann geben wir dir eben einen Doktortitel oder so.«

»Nee, lass mal sein. Ich würde dir nur die Million versemmeln.«

Auf was für Ideen manche meiner Kunden kommen.

Manche Angebote sind aber beinahe unheimlich: Einmal wurde mir ein Treffen im Wald für tausend Euro angeboten. Das Angebot stand bis um dreiundzwanzig Uhr des gleichen Tages, Verpflichtungen nannte der Kunde keine. Ab zwanzig Uhr wollte er an einer bestimmten Stelle auf mich warten und drei Stunden im Regen stehen. Natürlich habe ich ihm gesagt, dass er mit meiner Anwesenheit nicht rechnen darf, aber er gab die Hoffnung nicht auf. Was er mit mir anstellen wollte, konnte er mir noch nicht sagen. Das würde ich bei Erscheinen am Abend erfahren.

Welche Frau würde auf so ein Angebot eingehen? Eine, die ganz dringend Geld braucht, oder eine, die den Kick an einem unheimlichen Ort mit einem Fremden sucht?

Eine Freundin meinte, wir sollten beide einfach mal da vorbeifahren und uns den Typen ansehen. Auf gar keinen Fall! So verrückt bin ich nicht und zugegebenermaßen bin ich auch etwas ängstlich. Ich wollte gar nicht wissen, wer er ist oder wie er aussieht. Vielleicht wollte er sich ja auch einen Scherz mit mir erlauben, nur um zu sehen, wer ich denn bin. Für mich hat er eindeutig einen Knall, wenn er tatsächlich drei Stunden auf mich gewartet hat. Ich war am Ende nicht im Wald, habe mich nicht getraut.

Manchmal kriege ich auch unmoralische Angebote. Nicht in dem Stil vom gleichnamigen Film, aber tausend Euro für eine Nacht wurden mir schon geboten. Im ersten Moment klingt das verlockend, man sollte sich aber klarmachen, dass eine Nacht (sagen wir mal von dreiundzwanzig Uhr abends bis sechs Uhr morgens) lange dauert und man nicht weiß, was der Typ mit einem anstellt und auf was er steht. Also nehme ich solche Angebote nicht an. Ist ja nicht so, als ob ich keinen Sex bekäme. Ich habe ja schließlich einen festen Freund. Ich lass meine Kunden aber in dem Glauben, ich wäre ein immergeiles Singlegirl.

~~~~~~~~~~~~~~~~~~~~~~~~~~~

Doktorspielchen

Alleine für Doktorspiele könnte ich eine eigene Hotline einrichten. Und sofort erstelle ich mir im Kopf eine Website. Mit erfundenen Arztnamen bis zu erfundenen Untersuchungen. Und nach Wunsch mehrerer Kunden kann man in diesem Krankenhaus selbstverständlich auch die Rolle des behandelnden Artztes übernehmen, um mich als Patientin zu untersuchen. Sei es auf dem Zahnarztstuhl oder dem allseits beliebten gynäkologischen Stuhl. Meine Kunden sind definitiv die besten Patienten. Und alle leiden unter der seltenen Krankheit namens Stangenfieber.

»Da ist ein Druck drauf, Frau Doktor, und diesem Druck kann ich fast nicht mehr standhalten. Sie müssen mir helfen. Es ist ein Notfall!«

Das normale Fieber wird aber meistens mit einem Thermometer überprüft. Am begehrtesten ist hierfür das sogenannte Fingerthermometer, eine besonders dicke Art von Thermometer, die es leider nicht in jeder Apotheke zu kaufen gibt. Nadeln, Spritzen oder Ähnliches dürfen mit keinem Ton erwähnt werden. Dafür gelten Zäpfchen bei meinen Patienten als Allheilmittel. Das Blutdruckmessgerät misst von jetzt an den Blutdruck im Penis.

Mein erster Patient ist fast schon gekommen, als ich ihm den Blutdruck gemessen habe. Zum Nacktausziehen ist es nicht mehr gekommen. Dabei wollte ich bei dem guten Mann doch eine Ganzkörperuntersuchung durchführen. Eines steht fest: Der hatte hohes Stangenfieber. Sehr hohes!

Ich hätte ihn ins Krankenhaus einliefern lassen sollen, dort hätte er dann so ein niedliches Krankenhaushemd verpasst bekommen. Das hätte ihm sicherlich sehr gefallen.

Ob er sich wohl auch so verhält, wenn er mal wirklich zum Arzt geht oder ins Krankenhaus muss?

So wie ein anderer meiner Patienten. Er war bei einer Darmspiegelung. Die musste ich auch schon mal über mich ergehen lassen. Und ich muss gestehen, dass sie in mir weder sexuell stimulierende noch sonstige erhebende Gefühle hervorgerufen hat. Ich kann in Zukunft sehr gut darauf verzichten und werde mich nur im Notfall dort nochmal blicken lassen.

Aber ihn macht das geil, unendlich geil. Drei Untersuchungen im Laufe von sechs Monaten ließ er ohne Reue über sich ergehen.

»Wenn ich dort mit angewinkelten Beinen in der Fötus-Stellung liege und der Arzt mir sagt, dass er ihn jetzt reinschiebt, schwillt mein Schwanz ins Unermessliche. Ich muss all meine Kräfte aufbringen, um nicht mit einer Hand unter die Decke zu greifen und wie wild loszulegen. Allein der Gedanke an diesen langen schwarzen Schlauch lässt mich kommen.«

»Was lässt du dir denn als Ausreden einfallen, um immer wieder in den Genuss zu kommen?«

»Ach, mein Hausarzt lässt sich von mir einreden, ich hätte ständigen Durchfall, und jetzt wollen sie der Ursache auf die Schliche kommen.«

Und bei diesem Kunden besteht meine Aufgabe darin, die Rolle der Ärztin zu übernehmen. Sobald ich das Koloskop (ich habe mich selbstverständlich im Internet über die Fachausdrücke informiert, da ich ja jetzt als Ärztin tätig bin) rektal eingeführt habe, gibt es für ihn fast kein Halten mehr und ich habe meine Dienste zur vollen Zufriedenheit meines Patienten erfüllt.

Flotter Dreier gefällig?

Ich habe keine Geschwister. Aber einer meiner Kunden träumt davon, Zwillinge im Bett zu haben. Und die soll er kriegen. Regelmäßig ruft er an, und meine erfundene Zwillingsschwester und ich bedienen ihn abwechselnd.

»Wie gehts deinem Schwesterherz?«
»Alles so weit klar, sie vermisst dich.«
»Ach, dann sag ihr einfach Bescheid, dass ich mich morgen Abend bei ihr melden werde. Wird sie denn auch da sein, oder ist sie wieder unterwegs?«

Ich bin die Brave, meine Schwester ist das böse Luder, das keine Party auslässt.

»Ich werde eigenhändig dafür sorgen, dass sie hier ist und deinen Anruf entgegennimmt. Versprochen.«
»Gut, sehr gut. Ich weiß schon gar nicht mehr, mit wem ich am liebsten telefoniere. Ihr beide seid so ein klasse Team, schade, dass ihr nicht zu dritt seid.«

Aha, was lese ich denn da in einem Online-Magazin? Neunundfünfzig Prozent der deutschen Männer träumen von einer heißen Melange von mehreren Mitspielern. Meine Kunden auch. Da gibt es einen, der liebend gerne seine Schwiegermutter zu einem Drei-er hinzuziehen möchte. Die ist anscheinend heißer als seine Frau. Was die wohl dazu sagen würden, wenn sie es wüssten? Was soll dann bitte dieses Mär-chen, dass Männer ihre Schwiegermutter nicht mö-gen? »Wenn ich dich schon nicht poppen kann, dann erzähl ich jedem, dass du eine Hexe bist!«

Bei mir am Telefon werden die Putzfrauen samt Ehefrau vernascht. Dann soll ich noch dazu kommen und wenn er mit uns drei nicht mehr fertig wird, taucht der Nachbar auf. Den besten Freund wollte bis-her niemand dabeihaben. Was habt ihr gegen den? Darf der sich nicht an eurer Frau oder Freundin aus-toben?

Ein Kunde mag es aber auch, wenn seine Freun-din von einem Unbekannten gebumst wird. Dann beschimpft er sie mit richtig derben Wörtern wie »Drecksau« und »Hure«. Vielleicht würde er diese Wörter gerne im Bett mit ihr benutzen, traut sich aber nicht. Solange er ihr morgens keine fünfzig Euro auf den Nachttisch legt, ist das ja in Ordnung.

>»Kannst du noch ein zweites Mädel mit ans Telefon rufen?«

»Wie meinst du das, ich bin doch allein hier!«

»Seid ihr denn keine Mädels-WG?«

»Nö, wie kommst du denn darauf?«

Und weg war er. Das Ganze eines Nachts um vier Uhr. Was hat er sich gedacht? Vier Mädels in einer Wohnung, die mitten in der Nacht leicht bekleidet gemeinsam Männer am Telefon verwöhnen?

Leider ist hier nur eine Frau-Freund-Katze-WG. Aber von denen wollte ich niemanden wecken und hinzurufen.

Wäre ich darauf vorbereitet gewesen, hätte ich schnell einen Porno reingeschmissen und er hätte das Gestöhne von zwei Frauen bekommen. Wieder was dazugelernt – die drei anderen Mädels und ich.

Sehr patent finde ich aber den Mann, der sich die zweite Frau gleich selbst mitbringt. Seine Frau liegt angeblich neben ihm und ich soll sie »führen«. Na gut. Wenn sie das alles wirklich mit ihm macht, was ich sage, dann hat der Typ mit Sicherheit einen Heidenspaß und wird voll auf seine Kosten kommen. Plötzlich fragt er mich, ob ich keine Lust hätte, ein wenig mit ihr zu quatschen. Eigentlich nicht mein Ding, aber ich willige ein. Und was hört mein an den Telefonhörer gepresstes Ohr? Seine Stimme, nur ein paar Oktaven höher. Schizophrenie – schießt es mir durch den Kopf. Oder einfach nur die Frau im Mann. Meine Mundwinkel zucken nach oben und ich hoffe, keinen Lachanfall zu kriegen. Das Beste ist definitiv der französische Akzent, den die »Lady« draufhat. So gut krieg ich den nicht hin. Was soll's, ich habe mich an die beiden gewöhnt, auch wenn der Name der Frau des Öfteren wechselt. Wieso sollte man sich auf eine Frau beschränken, wenn es so viele geben kann?

Jedem Tierchen sein Pläsierchen

Er ist ein sehr netter Kunde und eine Weile lang lief auch alles ganz in meinem Sinne. Irgendwann fing er jedoch leider an, leicht zu spinnen:

»Kannst du mir einen Gefallen tun?«
»Klar doch, welchen denn?«
»Du musst von jetzt an flüstern und das bitte ganz leise, okay?«
»Hast du Probleme mit den Nachbarn oder einfach nur Angst, dass dich jemand hört?«
»Nein, weder noch, bitte sei jetzt leiser!«

Also fange ich an zu flüstern. Dabei fühle ich mich, als würde ich etwas Verbotenes tun. Meine Stimme wird ziemlich schnell wieder lauter und schon werde ich von der anderen Seite angeschnauzt:

»Jetzt sei doch endlich leiser, verdammt!«

Eines muss ich ihm lassen, flüstern kann er. Ich frage ihn ein zweites Mal, wieso ich leiser sein soll.

»Das kann ich dir jetzt nicht sagen, vielleicht das nächste Mal.«

Die Topfrage an mich lautet definitiv:

»Was hast du an?«

Meine Antwort wechselt von Tag zu Tag, von Kunde zu Kunde. Je weniger, desto besser. Einem Kunden jedoch war das zu wenig. Er bestand darauf, dass ich mich wieder komplett anziehe und einen Strip für ihn hinlege. Er wollte sogar fünf Minuten am Telefon warten und zuhören, während ich mich anzog. Seltsamer Kauz.

Also hinein ins Schlafzimmer und anziehen. (Habe ich tatsächlich gemacht – musste sowieso danach noch weg.) Ausgezogen habe ich mich nicht mehr, sondern nur ein paar Kleider im Zimmer rumgeschmissen, während ich ihm erzählte, wie sexy und professionell ich strippen würde. Er entschuldigte sich noch und wisse überhaupt nicht, was er so geil daran finden würde. Allein die Bewegungen einer Frau beim Kleiderausziehen würden seinen Penis in Richtung Himmel steigen lassen.

Im Restaurant liebt er es, in der Nähe der Garderobe zu sitzen und den Damen zuzusehen, wie sie aus der Jacke oder dem Mantel schlüpfen. Der Zwiebellook wäre perfekt. Je mehr Kleidung, desto größer die Erregung und die Vorfreude auf das nächste Stück.

»Kein Problem, ich kann gerne das nächste Mal mehr für dich anziehen.«

Damit hatte ich den Nagel auf den Kopf getroffen.

Montags, donnerstags und sonntags will er mich jetzt immer um Punkt zweiundzwanzig Uhr anrufen. Und selbstverständlich werde ich mehr als nur eine Schicht Kleidung anhaben.

Jeder hat andere Wunschvorstellungen. Der große Traum eines anderen Kunden ist es, eine Nacht in einem Möbelhaus zu verbringen.

»Das wäre das Beste und Schönste, was mir in meinem Leben passieren könnte. Abends in einem Möbelhaus mit willigen Frauen eingesperrt zu sein und im Laufe der Nacht sämtliche Betten zu testen. Und der absolute Höhepunkt wäre für mich, morgens im Schaufenster mit einer Superblondine entdeckt zu werden und als Story des Tages in der Zeitung abgelichtet zu sein. Alle Kollegen würden vor Neid erblassen. Ich wäre der König der Welt!«

Wünsche gibt es. Aber man soll aufpassen, was man sich wünscht.

Eines Tages hatte ich einen kleinen Houdini am Telefon. Der Mann besaß anscheinend Stofftaschentücher in allen Farben. Ich glaube, meine Oma auch. Ich mag die nicht und habe am liebsten Papiertaschentücher. Stofftaschentücher scheinen aber in der Praxis recht gut für Knebelspiele herzuhalten.

»Aber bitte jedes Bein und jeden Arm mit einer anderen Farbe knebeln.«

Also, rechtes Bein mit Blau, linkes mit Rot und die Arme werden mit Schwarz und Weiß geknebelt. Am liebsten würde ich um seinen Schwanz damit noch eine Schleife binden. Wir wollen ja nicht, dass sich sein armer Johnny noch verschnupft!

>>Hast du es denn noch nie mit Handschellen probiert<<, frage ich ihn.
>>Nein, die machen mir Angst. Aus meinen Taschentüchern kann ich mich immer selbst befreien und mit den Handschellen fühle ich mich ausgeliefert.<<

Ist das denn nicht Sinn der Sache? Zum Schluss soll ich ihm bitte noch eines in den Mund stecken. Ich stelle mir vor, wie ich ihm eine alte ungewaschene Socke reinstecke, und muss grinsen. Jetzt darf ich mit ihm tun und lassen, was ich will. Eigentlich würde ich mich jetzt vors Bett stellen und herzhaft lachen, mir eine Tüte Chips holen und es mir vor dem Fernseher bequem machen. Aber er könnte sich ja befreien, also weg mit dem Gedanken und auf geht's zu etwas Mundgeblasenem. Ehe ich ihm sagen kann, dass ich eine Runde reiten will, hat er schon aufgelegt.

Na, hoffentlich ist er nicht an dem Taschentuch erstickt.

Frauen, die nackt seilspringen. Mit großen Brüsten. Das ist der größte Wunsch eines anderen Kunden. Ob ich wohl wüsste, wo er solche findet. Natürlich zahlt er sehr großzügig für das Zusehen. Er will sie nicht anfassen, sondern nur dazu masturbieren. Also, liebe

Pornoindustrie – jetzt wisst ihr, was zu tun ist. Diese Marktlücke muss ersprungen werden!

Manchmal sind die Wünsche der Kunden ein wenig verrückt oder für mich unverständlich. Einige sind ekelhaft und pervers. Aber bei diesem hier kann ich mir eigentlich nur wünschen, dass er öfter anruft:

> »Ich gucke einen Porno und hole mir einen runter. Ich will nur, dass du mir dabei zuhörst, ohne dich bemerkbar zu machen!«

Na, da hört man doch gerne vierzehn Minuten zu. Ich surfe in der Zeit im Netz, während ich ihm bei der Handarbeit zuhöre. Und werde am Schluss noch gelobt, dass ich gut gewesen bin. Aber immer gerne!

Kurze Zeit danach rief noch ein Pornofan an. Er war etwas enttäuscht, dass ich erst beim vierten Versuch abgehoben habe. Aber das Wetter war traumhaft und mein Freund und ich saßen gerade so gemütlich mit einer Flasche Rosé auf dem Balkon.

> »Na endlich bist du da. Und der Porno ist schon am Laufen. Ich wollte den so gerne mit dir von Anfang an gucken.«
> »Aber ich hätte den doch nicht durchs Telefon gesehen.«
> »Aber gehört. Und ich hätte dir beschrieben, was im Film so alles getrieben wird. Können wir das bald mal wiederholen? Von Anfang an?«
> »Sicher doch. Ich freu mich darauf!«

Toll, so komme ich also bald in den Genuss eines Porno-Hörbuchs.

Die Kunden wären überglücklich, wenn sie Nacktfotos oder Unterhöschen von mir bekommen würden. Einer wollte sogar getragene Socken haben. Nichts dergleichen wird von mir verschickt.

Aber dieser Kunde drehte den Spieß um. Er wollte mir seine Fotos schicken.

»Ich habe so geile Fotos von mir und meinem Schwanz. Darf ich dir welche schicken?«

»Och nee, lass mal.«

»Aber das wird dich doch anmachen, wenn du Fotos von meinem Ständer kriegst und siehst, wie ich ihn bearbeite. Ganz bestimmt! Komm, lass sie mich dir schicken! Und jedes Mal, wenn ich dich anrufe, hast du ein Bild von mir. Auch sonst darfst du die Fotos gerne privat benutzen.«

Ich bin nicht auf sein Angebot eingegangen. Dazu hätte ich ihm meine Adresse geben müssen und laut seiner Beschreibung ist er ohnehin nicht ganz mein Typ. Bilder von masturbierenden Männern gibt es außerdem genug im Internet.

Geschminkt will mich ein anderer Kunde haben. Schöner knallroter Lippenstift, der nach dem Oralsex an seinem Penis noch gut sichtbar ist. Er liebt es, sich nach Oralsex auf öffentlichen Männerklos damit zu zeigen.

»Seht her, mir wurde gerade einer gelutscht!«
Bei der roten Farbe könne es sich ja auch um eine Geschlechtskrankheit handeln, will ich ihm noch weismachen.

»Blödsinn! Männer unter sich sehen sofort, was da abgelaufen ist, und haben Respekt vor einem!«

Also fährt man im Porsche vor, lässt seinen rot geblasenen Penis raushängen und die Konkurrenz kniet nieder. Ich bin glücklich, meine Genitalien nach dem Geschlechtsverkehr oder auch sonst keinen anderen Frauen zeigen zu müssen. Muss ich damit prahlen, gerade Sex gehabt zu haben?
Dann möchte er noch, dass ich dunkelblauen Lidschatten und verführerischen Eyeliner trage. Rouge darf auch auf keinen Fall fehlen. Lange Fingernägel mit Glitzer wünscht er sich außerdem noch. Sieht angeblich unwiderstehlich aus, wenn so eine Hand sein Teil hält. Irgendwie habe ich das Gefühl, dass er regelmäßiger Kunde bei den billigen Damen auf dem Strich ist. Meinetwegen darf er der König der Straße sein.

Das genaue Gegenteil wollte ein anderer Kunde:

»Okay du, tu mir mal den Gefallen und verstell deine Stimme nicht. Kling einfach nicht erotisch, sondern ganz natürlich. Als wenn du mit einer guten Freundin telefonierst.«

Aha, und wie soll man bitte unerotisch stöhnen und

schmutzige Dinge in den Hörer flüstern? Gibt's irgendwo »Unerotisch for Dummies«?

Ich probiere einfach in einer normalen Tonlage ohne jegliches Gefühl zu sagen, was ich alles mit ihm anstelle. Nach zwei Minuten hat er genug.

> »Nee du, mach wieder das alte Programm!
> Du hörst dich an wie meine Frau!«

Liebe geht durch den Magen

> »Du kannst mich mal am Arsch lecken!«

Nein danke, da stehe ich nicht drauf. Aber leider gibt es einige, die genau darauf abfahren. Hat das eigentlich noch irgendetwas mit Sex zu tun? Für mich auf jeden Fall nicht. Wenn es so schmeckt, wie es riecht – nein danke! Und danach wollen sie bestimmt nicht geküsst werden, wie nach dem Blasen und Schlucken.

Mal wieder etwas Neues: Ein anderer Anrufer möchte, dass ich doch bitte seinen Schwanz füttern soll. Aha, mit was wird denn so ein Schwanz gefüttert? Nimmt er lieber Flüssignahrung zu sich oder will er was Ordentliches zu beißen? Ich habe schon einiges darüber gelesen, was Männer sich so in ihr bestes Teil stecken, bin mir aber nicht sicher, ob ich im Fall dieses Anrufers mit einer Büroklammer oder einem Zahnstocher richtig liege. Also antworte ich ihm nur, dass ich seinen Schwanz gerne füttere, sage ihm aber nicht, womit. Es genügt ihm und kurz darauf scheint sein kleiner Freund satt zu sein. Wahrscheinlich habe ich ihn sogar überfüttert, denn er fängt an, sich zu übergeben.

Ich kann es manchmal nicht fassen, auf welche Ausdrücke Männer zurückgreifen, wenn sie sexuell erregt sind. Ich würde es ja verstehen, wenn eine Frau sagt: »Füttere meine Muschi!« Da hätte ich wenigstens einiges zur Auswahl, von Gurke bis Banane ist da ja fast alles möglich.

Ich weiß jetzt, dass man mit einem Schneebesen auch ganz andere Sachen machen kann.

> »In meinem Porno ist eine Frau, die in einer Küche steht und sich einen Schneebesen in den Hintern steckt. Hast du auch einen Schneebesen, den du dir hinten reinstecken kannst?«

(Na klar, ich bin das Pornoküchenluder und habe vom Schneebesen bis zum Kochtopf alles griffbereit, wenn jemand mich scharfmachen will.)

> »Nein, ich habe keinen Schneebesen. Aber stell dir vor, ich hätte einen und würde ihn mir reinstecken!«

(Ist für mich unvorstellbar, wie ich das Teil in meinen Hintern reinkriegen soll.)

Fehler! Sehr großer Fehler!

Keine zwei Sekunden später ist er gekommen. Aber er hat mir noch fünfzehn Minuten seinen Film beschrieben. Und von seiner Sammlung erzählt. Und die ist beachtlich mit zweitausendfünfhundert DVDs. Er fragte, ob er mich nochmal anrufen kann, wenn er sich einen Film anschaut.

»Jeden Tag sehe ich mir nur einen an!«, sagte er.

Nicht dass ich auf den Gedanken käme, er sei süchtig nach dem Zeug. So etwas denke ich doch nicht von meinen Kunden.

Jedem seinen Spleen. Und mein »Gelatiere« kann seinen ausleben, wenn es Sommer ist. Und so richtig heiß muss es sein. Nicht nur das Wetter.

»Endlich Sommer! Endlich Eis schleckende Frauenmünder!«

Bis zu drei Stunden täglich und wenn das Wetter es erlaubt, sitzt er draußen vor einem Eiscafé, und manchmal schleckt er sogar selbst.

»Es gibt nichts Erotischeres als einen Frauenmund, der Eis leckt. Ich könnte mich daran ergötzen. Aber ich mag es gar nicht, wenn sie mit einem Eisbecher ihrer Wege gehn. Es sollte schon aus einer Waffel gegessen werden. Am besten gefällt mir Softeis.«

Weshalb war mir sofort klar. Am liebsten wahrscheinlich Vanille.

Da sitzt er nun mit einem Dauerständer und kann sich keine Erleichterung gönnen. Erst wenn er zu Hause ist, lässt er die Stunden vor dem Eiscafé noch mal Revue passieren und masturbiert.

Seitdem streift mein Blick sämtliche Männer in näherer Umgebung, wenn ich mir ein Eis gönne.

»Und dich machen die kurzen Röcke und tollen Beine der Frauen gar nicht an? Da siehst du doch bestimmt auch hin, oder?«

»Nein, die lassen mich kalt, bei mir zählt nur der Frauenmund und die Zunge.«

Nun denn, hier besteht mein Job darin, ihm ausführlich zu erklären, wie mein Mund und meine Zunge, nein, kein Eis, sondern natürlich sein bestes Stück verwöhnen. Irgendwo habe ich doch letztens im Internet ein Eis in Form eines Penis gesehen. Aber das werde ich ihm nicht erzählen.

Es gibt Wünsche, die gibt es eigentlich nicht. Zuerst dachte ich, ich hätte mich verhört:

»Kann ich dir eine Einkaufsliste geben und du besorgst das alles fürs Wochenende? Es wird sich für dich lohnen! Du wirst nicht nur neue sexuelle Horizonte erklimmen, sondern auch finanziell davon profitieren. Ich bleibe mindestens zwei Stunden am Telefon, wenn du mir meinen Wunsch erfüllst!«

»Aha, und was soll ich bitte einkaufen?«

»Weißt du, ich stehe auf Obst und Gemüse! Ich liebe es, Frauen dabei zuzusehen, wie sie sich mit Obst und Gemüse verwöhnen. Also Folgendes bitte ich dich ein- zukaufen: Karotten, einen Maiskolben, zwei Bananen, eine Schwarzwurzel und zwei Gurken unterschied- licher Größe. Eine kleine Melone wäre auch nicht schlecht. Glaubst du, es wäre möglich, die Sachen bis Samstag Abend um einundzwanzig Uhr eingekauft zu haben?«

»Mal sehen. Und du willst, dass ich mir die Sachen dann unten reinstecke?«

»Na ja, reinstecken ist ein sehr grobes Wort. Eher sanft einführen und danach kulinarisch genießen.«

»Ich soll es danach auch noch aufessen?«

»Ja, das ist das Geilste, wenn deine Lippen das von deinem Saft durchtränkte Obst und Gemüse um- schließen!«

Na, dann guten Appetit!

Darf's sonst noch was sein?

»Danach bumst du mich mit einem umgehängten
Dildo«, bat mich einmal ein Anrufer.

Könnte ich das? Würde ich es tun? Ich versuche es
mir vorzustellen und komme zu dem Ergebnis, dass
ich es nicht machen würde. Mir fehlt es einfach an
Testosteron, um den männlichen Part zu übernehmen. Ich habe nichts dagegen, manchmal die Füh-
rung zu übernehmen. Aber Schwanz zu zeigen?

Danach kommt mir der Gedanke, dass meine Kunden zu viele Pornos konsumieren. Woher fallen ihnen sonst solche Sexpraktiken ein? Immer öfter genügt meinen Kunden eine einfache handgemachte
Nummer nicht. Sie wollen geschlagen, unterworfen,
bepinkelt und angeschrien werden. Wo sind die alt-
modischen Männer, die mit ihrem Penis in der Hand
am Telefon sitzen und mit stimulierenden Worten
zum Höhepunkt gebracht werden? Ich vermisse sie.

Die Wünsche meiner Kunden werden immer absto-
ßender und härter. Wenn die Menschen sich nach
und nach die Sexpraktiken aneignen, die sie in Pornos sehen – na dann Gute Nacht. Ich will gar nicht
daran denken, was dann als normaler Geschlechtsakt
gilt. Wahrscheinlich folgender Satz:

»Pinkel auf mich und pfurz es danach trocken.«

Ich will nicht mit Urin im Mund gurgeln müssen, damit mein Freund einen Orgasmus hat.

»Tu mir bitte einen Gefallen und wasche dich untenrum ein paar Tage nicht«, bat mich ein Anrufer. »Ich ruf dich dann an und stelle mir vor, wie du riechst. Ach nein, stinken sollst du untenrum, ich liebe das bei Frauen!«

Ich habe es ihm zwar versprochen, werde das Versprechen aber nicht einhalten. Ist mir doch zu widerlich, aber es gibt anscheinend wirklich Männer, die darauf stehen und dann erst recht ihre Nase hineinstecken. Und ablecken. Bäh!

Den »Pussyflüsterer« fand ich aber auch grenzwertig:

»Steck dir den Hörer in die Pussy, ich will deinen Saft hören!«

Also bitte, wo sind wir denn? Denkt er etwa, er könne mit ihr reden und sie fragen, ob sie schön nass ist? Ich gebe ihm zu verstehen, dass ich es nicht tue, da sonst mein Telefon kaputtgeht, sobald die Batterien feucht werden.

»Hab dich nicht so, ein Vibrator hat auch Batterien und geht nicht kaputt!«

Ja, aber so ein Hörer ist weder abgedichtet genug noch dazu gedacht, ihn sich in die Pussy zu stecken. Steht bestimmt kleingedruckt in der Beschreibung. Oder sollte ab jetzt da drin stehen. Kann ich die Firma verklagen, falls er danach defekt ist?

Natürlich habe ich es nicht ausprobiert und er hat wütend aufgelegt. Vielleicht sollte ich mir ein paar außergewöhnliche Geräusche aus dem Internet downloaden und abspielen, falls mal wieder ein Kunde das Innenleben meiner Muschi hören will.

Es gibt Tage, da kann es mal wieder einer meiner Anrufer nicht lassen und pinkelt mich an. Ich weiß wirklich nicht, was Männer so gut daran finden, bei uns Frauen in alle nur erdenklichen Öffnungen reinzupinkeln. Die Bettwäsche sieht nach so einer Natursektbehandlung ja bestimmt auch klasse aus.

Dann gibt's natürlich auch noch die Extremen mit ihren Wünschen für Kaviar-Sex.

> »Kannste nicht mal auf dein Klo gehen, einen großen Haufen machen und währendessen den Hörer dabei halten?«

Nein, mach ich nicht. Wenn ich auf dem Klo sitze, ist mir meine Ruhe heilig und der Gedanke, dass mir da jemand zuhört und sich einen runterholt, macht mich wirklich nicht an.

Es soll ja auch Männer geben, die auf die weibliche Menstruation stehen. Und das sind nicht wenige. Er ist aber der erste, der diesen Wunsch am Telefon äußert:

»Sag mal, Mäuschen, wann hast du eigentlich immer deine Tage?«
»Wieso willst du das denn wissen? Willst du dich an den Kosten der Tampons beteiligen?«
»Na klar (lacht), ich steh' unheimlich auf Frauen, die ihre Tage haben, und habe dann am liebsten Sex mit ihnen.«
»Ich kann dir da ein Datum nennen.«
»Ja, sag mir das Datum und sei an dem Tag gut für mich erreichbar. Da wird dein Telefon nicht nur einmal klingeln!«

Ich persönlich will keinen Geschlechtsverkehr, wenn ich meine Tage habe. Aber ich weiß auch, dass da jede Frau anders denkt.

Das war aber nicht mein einziger Menstruationsfan. Einmal hatte ich einen Anruf von einem regelrechten Vampir. Er wollte, dass ich ihm gebrauchte Binden und Tampons schicke.

»Ich liebe den Geruch von Blut. Ich rieche auf einen Meter Entfernung, ob eine Frau ihre Tage hat.«
Das ist doch krank! »Nee, das mache ich nicht!«
»Ist doch egal, ob du sie mir schickst oder sie in den Mülleimer wirfst.«
»Nein, ich habe für deine Vorlieben kein Verständnis und werde dir nichts schicken!«

»Hör mal, willst du wirklich, dass ich mich weiterhin in Frauenklos reinschleiche und danach suche? Ihr habt doch so schöne Behälter, wo ihr die Dinger reinwerfen könnt. Und das Sammeln nervt mich. Außerdem weiß ich nicht, wem die gehört haben, deshalb kann ich mir nachher beim Masturbieren kein Bild von den Frauen machen.«

»Kannst du von mir auch nicht, du kennst nur meine Stimme.«

»Aber das ist doch das Geile daran! Ich ruf dich an, wenn ich die Ware von dir erhalten habe, und hol mir mit dir einen runter. Ey, das geht voll ab! Ich kann dich dann riechen, hören und schmecken!«

»Tschuldigung, was!? Schmecken?« Ich dachte, ich muss mich übergeben.

»Na ja, manchmal berühre ich es mit meiner Nase und dann kann ich nicht anders und meine Zunge kommt raus.«

Arghhh …

pleiten, pech
und pannen

Natürlich läuft auch bei einer Sexhotline nicht immer alles reibungslos. Immer mal wieder kommt es zum Beispiel vor, dass ein Anrufer den Überblick verliert und nicht mehr weiß, die Nummer welcher Bitch er da eigentlich gerade gewählt hat – da sicher einige meiner Telefonhengste gelegentlich auch die eine oder andere Kollegin in wilde Sextase versetzen, sehe ich ihnen nach, dass sie manchmal bei all den Pamelas, Tammys und Lolas ein wenig durcheinanderkommen.

Bei denjenigen, die sich nicht verwählt haben und die die Absicht hatten, mich an die Strippe zu bekommen, kommen jedoch einige leider auch nicht zum Ziel, weil überall Störpotenzial lauert. Da schreien und spielen Kinder im Hintergrund, der Hund bellt oder die Musik ist laut aufgedreht, um jegliches Stöhnen zu kaschieren. Und mitten im heißesten Gestöhne halten meine Anrufer dann plötzlich inne und pressen ein »Bei mir hat es an der Haustür geklingelt, ich muss auflegen« oder »Mein Handy klingelt, ich muss auflegen« hervor. Es gibt auch: »Meine Frau ist vom Einkaufen zurück, ich muss auflegen.« Und einmal sogar: »Das Baby schreit, ich muss auflegen.« Die halten wohl schon die ganze Zeit den Daumen auf der Taste, um bei Bedarf sofort auflegen zu können.

Doch auch wenn es den Kunden gelingt, rechtzeitig aufzulegen und dann auch noch ihr gutes Stück möglichst schnell in der Hose zu verstauen – was nicht jedem gelingt: Einer der Herren wurde auch schon von seiner Ehefrau in flagrantri beim Handanlegen gestört –, so ist die Gefahr trotzdem noch nicht endgültig gebannt. Manche Ehefrauen können nämlich sehr misstrauisch sein. Da wird das Handy schon mal nach fremden Nummern und suspekten SMS durchwühlt. Doch das ist manchmal überhaupt nicht notwendig: Wenn die Telefonrechnung plötzlich eine Servicenummer aufweist, ist es kaum mehr möglich, den Kopf aus der Schlinge zu ziehen …

Falsch verbunden

Ja, es ist wahr. Es gibt doch tatsächlich Leute, die sich zu mir verwählen:

»Ja, hallo?«

»Wie kann ich Ihnen helfen?«

»Wie, wie können Sie mir helfen? Sie haben mich doch angerufen!«

In dem Stil geht das dann fünf Minuten weiter. So langsam tastet er sich an die Sache ran. Wie denn mein Name sei, von wo ich wäre. Und nach ein paar Minuten harmlosen Geplänkels kommt dann die wichtigste aller Fragen:

»Was hast du denn an?«

Na, aber hallo, wenn ich mich verwähle, dann entschuldige ich mich und lege auf. Meistens wollten sie eigentlich nur einen Arbeitskollegen oder einen Freund anrufen. Tja, und dann haben sie plötzlich mich an der Strippe. Es gibt ja auch so viele normale Nummern, die mit der Vorwahl einer Hotline anfangen. Aber mir soll's recht sein, solange das harmlose Geplänkel sich in die Länge zieht.

Zum Schluss fügen sie hinzu, sie würden wieder bei mir anrufen. Da frage ich dann natürlich schon nach, ob sie sich denn noch an die verwählte Nummer erinnern können. Sie sind auf Zack und meinen, die würde ja bestimmt auf der nächsten Abrechnung mit draufstehen. Seid willkommen, ihr Verwählten!

»Jaaaaa, komm gib's mir, Conny!«, wurde ich einmal begrüßt.
»Ich bin nicht Conny.«
»Na hör mal, ich ruf dich doch schon seit Monaten regelmäßig an und weiß sehr wohl, dass du meine kleine versaute Conny bist!« Ein Blick auf den Display belehrte ihn aber eines Besseren: »Verdammt, du hast recht! Du bist Tammy! Oder?«

Bin ich auch nicht. Aber was soll's.

Auch die Wahlwiederholung wird manchen zum Verhängnis. Einmal hatte ich einen höflichen älteren Herren am Telefon.

»Danke für das nette Gespräch«, sagte er nach vollbrachter Leistung.

Aha, so nennt man es also in Fachkreisen. Es war wohl eher Gutenachtsex im Sauseschritt. Dass der Kerl ein paar Minuten später nochmal anrufen würde, hätte ich nicht gedacht. Ein zartes, unwiderstehliches »Hallo« wird meinerseits in den Hörer gehaucht, doch niemand antwortet. Stattdessen höre ich, wie er mit seinem Hund redet.

»Nochmal Gassi gehen, Kleiner. Danach ist es Zeit für's Bett, denn Herrchen muss morgen früh raus.«

Der Hund bellt und ich höre sein Herrchen rumhantieren. Na toll, denk ich mir, wieder einer, der noch nie etwas von der Tastensperre gehört hat. Das kann teuer werden in diesem Fall. Und schon wieder plagen mich Zweifel, ob ich mit Gassi gehen oder auflegen soll. Na gut, eine Runde um den Block schaff ich noch. Aber nur eine. Irgendwie ist er mir sympathisch, wie er so mit dem Hund plaudert. Ich quatsche auch mit meiner Katze. Aber nicht sympathisch genug, dass ich ihm die etwas teurere Telefonrechnung ersparen werde. Siebenundvierzig Minuten später, vor dem Zubettgehen, merkt er es und ich weiß, dass ich einen potenziellen Kunden verloren habe. Aber für die Zukunft hat er etwas gelernt.

Eines Tages hebe ich ab und höre einen kleinen Jungen mit seiner Mutter streiten. Im Hintergrund weint ein kleines Kind. Da hat wohl der Sohnemann mit dem Telefon gespielt und entweder die Wahlwiederholungstaste gedrückt oder auf der Tastatur rumgespielt und meine Nummer gewählt. Ich bin so nett und lege auf. Nach ungefähr fünf Minuten hebe ich ab, und da wohl noch niemand auf der anderen Seite des Telefons das Missgeschick des Kindes bemerkt hat, bin ich noch immer in der Leitung.

Ich werde noch netter und rufe per Handy den Stördienst der Post an und erkläre den Fall. Die kappen die Leitung nach ein paar Sekunden und die Leute brauchen am Ende des Monats nur eine kleine Rechnung zu zahlen. Wer weiß, wann die Mutter es bemerkt hätte. Oder der Vater.

Nach sehr langer Zeit hatte ich eines Tages mal wieder eine Frau am Telefon. Doch bis ich verstanden habe, was die Gute wollte ...

»Hallo, mein Liebes!«
»Hallo! Wie kann ich dir denn helfen?«
»Hast du die Karten schon gemischt?«
»Bitte? Welche Karten und wieso?«
»Ach, du benutzt keine Karten? Endlich mal wieder eine Normalsehende!«

»Entschuldigung, aber ich verstehe nach wie vor nicht, weshalb Sie mich angerufen haben?«

»Damit du mir von meinem morgigen Tag erzählst, Liebes.«

»Wenn ich hellsehen könnte, würde ich Ihnen ja davon erzählen, aber das kann ich leider nicht.«

»Wie? Du kannst nicht hellsehen?«

»Nee, kann ich nicht. Diese Servicenummer hier besteht nur, um Männer glücklich zu machen.«

»Ja, aber die anderen können das beides!«

Tatsache ist, dass bei der Hälfte der Servicenummern auch noch für Wahrsagerei oder Kartenlegen geworben wird. Doppeltes Einkommen mit einer Telefonnummer. Da soll mal jemand behaupten, Telefonsexdamen seien nicht kreativ. Die Telefonschlampe mit dem Engelskontakt!

Kurz darauf hatte ich schon wieder eine Frau am Telefon:

»Ja hallo, Sophie hier. Ich melde mich dann mal an, okay?«

»Aha, äh, geht klar.«

Zack, weg war sie!

Zwei Stunden später dann dieses:

»Ja hallo, Sophie hier. Ich melde mich jetzt ab, okay?«

Nein, nicht okay! Ich wollte nachfragen, was das Ganze soll, aber sie war schneller und hatte schon wieder aufgelegt. Vielleicht meldet sie sich ja wieder an, dachte ich mir. Tat sie auch, kurz vor vierzehn Uhr. Und da habe ich sie gestoppt und gefragt, wieso sie sich bei mir an- und abmeldet.

»Na ja, der xxx hat mir deine Nummer gegeben, damit ich mich bei dir ab- und anmelden kann. Ich bin Telefonsexanbieterin und er ist mein Chef.« »Na dann gib mir mal seine Nummer.«

Der gute xxx hat einige Mädchen, die für ihn arbeiten. Die Nummern laufen auf seinen Namen und zu den Damen wird per Rufumleitung umgeschaltet.

»Huch, da habe ich mich wohl in der Nummer vertan. Das ist eine ganz andere Nummer, bei der die Mädels sich an- und abmelden müssen.«

Dann wurde er richtig schleimig und fragte, ob ich nicht auch Lust hätte, für ihn in den Telefonhörer zu hecheln. Dem Guten war gar nicht bewusst, dass ich selbstständige Anbieterin bin. Obwohl er es ja an meiner Servicenummer hätte merken müssen. Also habe ich mal auf doof geschaltet.

»Und was springt dabei raus für mich?« »Also die Nummer kostet den Kunden zwei Euro, davon kriegt der Anbieter einen Euro zehn, ich kriege fünfundsechzig Cent und die Mädels immerhin fünfundzwanzig Cent die Minute.«

»Och nee, lass mal. Ich gebe mich nach wie vor mit meinen ein Euro einundzwanzig die Minute zufrieden!«

So schnell hat noch keiner aufgelegt.

~~~~~~~~~~~~~~~~~~~~~~~~~~~

Upps!

Ich muss aufpassen, dass ich nicht zu unvorsichtig werde mit meinem Gestöhne. Einmal stand bereits meine liebe Nachbarin vor der Tür. Ich war zu der Zeit krank und sie fragte nach, wie es mir denn so gehe. Genau da wusste ich, dass sie nicht rübergekommen war, um sich nach meinem Wohlbefinden zu erkundigen. Nein, so ist sie nicht, sie meckert normalerweise an allem und jedem rum. Nach ein bisschen Small Talk kam sie dann endlich zur Sache. Nun ja, meinte sie, mein Freund und ich seien ein wenig laut. Sie würde uns lachen und sprechen hören. Manchmal sogar noch mehr. Ich hakte nach und sie meinte:

> »Na ja, eben auch ziemlich intime Dinge, und sehr laut noch dazu. Wie gestern zum Beispiel.«

Mein Freund war am Vortag gar nicht da gewesen, das war ihr zum Glück nicht aufgefallen. Ich bedankte mich bei ihr dafür, dass sie mich darauf aufmerksam gemacht hatte, und grinste in mich hinein.

Ich laufe halt mit dem Headset durch die Wohnung und vergesse manchmal, dass ich Nachbarn habe, passe aber seitdem besser auf. Bei den Kunden, bei denen ich lauter werden muss, verkrieche ich mich ins Badezimmer, da dieser Raum nicht an die Wohnung der Nachbarn grenzt. Nicht dass noch jemand auf den Gedanken kommt, ich hätte ständig Männerbesuch.

Natürlich passieren einem während des Telefonierens mit Kunden auch kleine Dummheiten in der Wohnung. Da lasse ich aus Versehen irgendwas runterfallen oder Ähnliches …

Ich blättere zum Beispiel gerne in Zeitschriften und das wird natürlich bemerkt. Da wird dann die »Vogue« in »Playgirl« umbenannt. Das macht die Typen wahnsinnig an, wenn sie denken, dass ich mir aus einer Zeitschrift den Kick hole. Eine Tasse und ein Teller kamen auch schon zu Bruch. Das aber selbstverständlich nur, weil ich meine Beine zu breit gemacht habe und sie im Weg standen. Essen und rauchen kommt nicht gut an während eines Gesprächs, dann wird schon mal aufgelegt. Gestolpert bin ich noch nicht, auch nicht über meine Katze, obwohl die eine schlechte Angewohnheit hat: Während ich einen Kunden bediene, fängt sie oft herzzerreißend an zu maunzen.

Manchmal bin ich nicht hundertprozentig bei der Sache. Ich weiß nicht mehr, wodurch ich an diesem Tag abgelenkt war, aber ich habe doch einmal tatsächlich einen Kunden aufgefordert, er soll mir einen blasen. Er hat herzlich gelacht und gefragt, was er mir denn blasen soll. Wir haben uns dann darauf geeinigt, dass ich blase und er leckt.

Ehrlich wichst am längsten

Wer sich seine sexuelle Befriedigung bei einer Sex-hotline holt, muss damit rechnen, dass das Ganze irgendwann auffliegt. Bei Singles stört das ja normalerweise niemanden, solange sie ihrer Vorliebe in ihrer Freizeit nachgehen. Aber ich verstehe natürlich, dass man es manchmal kaum erwarten kann, meine unwiderstehliche erotische Stimme wieder zu hören. Und dann greift mancher schon mal während der Arbeitszeit nach dem Hörer ...

>Wegen dir habe ich mich gestern bei meinem Chef im Büro blamiert!«

Na wunderbar, ich war es also wieder einmal.

>Als wir gestern am Telefon waren und es so richtig gut zur Sache ging, musste ich ja plötzlich auflegen, da mein Chef mich in sein Büro beordert hatte. Schon auf

dem Weg in sein Büro hat jeder meinen Megaständer bewundert und mein Chef war irgendwie auch ganz irritiert davon und grinste mich blöd an.«

Wohin die Leute aber auch ihren Blick so werfen! Schaut man einem Mann in den Schritt? Vor allem als Mann?

Ich habe einige Kunden, die in Büros und Banken arbeiten. Und genau auf diesen Tag habe ich gewartet. Aber dass es soweit kommt, hätte ich nicht gedacht. Er wurde beim Masturbieren von seiner Sekretärin erwischt. Die will ihn jetzt verklagen.

»Ehrlich? Die will dich wegen sexueller Belästigung verklagen?«
»Nee, nicht deswegen. Irgendwas mit moralischer Blablabla. Mein Chef droht mit Kündigung, und genau die kann ich mir jetzt nicht leisten. Zu viele Kredite am Laufen. Ich wäre pleite und müsste mein Hab und Gut verscherbeln.«
»Ach, du meine Güte, da hast du dich ja in was reingeritten!«
»Yep! Aber du könntest mir helfen. Wenn du aussagen würdest, dass ich mit dir am Telefon war, ist es bestimmt nicht mehr so tragisch.«
»Und wie bringst du deinem Chef bei, dass du auf seine Kosten bei einer Sexhotline angerufen hast? Der wird die Telefonrechnung zweimal kontrollieren.«
»Verdammt! Daran habe ich nicht gedacht. Ich habe dich ja mehr als einmal aus dem Büro abgerufen. Scheiße!«

Masturbieren am Arbeitsplatz kann teuer werden!

Aber auch nicht immer lustig ist es, wenn Ehefrauen und Freundinnen die Wahlwiederholungstaste drücken oder die Handys ihrer Partner durchstöbern.

Ich: »Hallo?«

Sie: »Ja hallo, wer ist denn da?«

Ich: »Das müssten Sie doch wissen, Sie haben mich ja schließlich angerufen.«

Sie: »Aber ich will ja nur Ihren Namen wissen.«

Ich: »Wieso das denn? Sie können doch nicht irgendeine Nummer wählen, um zu erfahren, wer abhebt. Woher haben Sie denn meine Nummer?«

Sie: »Die ist hier auf dem Handy drauf, und da ich sie nicht kenne, wollte ich halt fragen. Ist das Handy von meinem Mann.«

Ich: »Tut mir leid, da kann ich Ihnen nicht helfen, er muss sich wohl verwählt haben.«

Sie: »Aber doch nicht fünf Mal in den letzten Tagen! Und auch noch immer eine halbe Stunde lang. Wer sind Sie und warum ruft er Sie an?«

In solchen Fällen lege ich meistens auf, sollen sie sich doch selbst rechtfertigen.

Nur einmal habe ich eine Ehefrau beruhigt. Ihr Ehemann hatte mir erzählt, dass er ihr zum zehnten Hochzeitstag im darauffolgenden Monat eine wunderschöne Goldkette besorgen würde. Als sie mich fragte, wer ich sei, antwortete ich ihr, dies wäre die Durchwahlnummer des Juweliers xxx. Sie bedankte sich und ich musste ihr versichern, ihrem Mann nichts von unserem Gespräch zu erzählen. Hab ich doch gut gemacht, oder?

Nicht immer geht es jedoch so glimpflich aus:

»Verdammt! Du blöde Schlampe!«
»Jetzt mal langsam. Wer sind Sie und was ist los?«

Und nochmal dieselben Beschimpfungen. Dann fängt die junge Frau (ich schätze sie mal jung ein) an zu weinen und zu schluchzen. Ich soll doch bitte ihren Mann in Ruhe lassen.

Einen Moment lang will ich sie über die eigentliche Sachlage aufklären, lasse es dann aber sein. Die beiden scheinen schon genug Stress zu haben und er versucht ihr wohl weiszumachen, dass ich die Böse bin und ihn belästige. Ich mag nur diese hysterischen Frauen nicht, die sofort eine Szene veranstalten, anstatt in Ruhe darüber zu sprechen. Meine Geschichte wollte sie ja gar nicht erst hören. Und man sollte immer beide Seiten wenigstens einmal anhören. Ach, was soll's. Ich hoffe, sie werden glücklich und zufrieden bis an ihr Lebensende. Und wenn sie nicht gestorben sind …

Eigentlich sollten die Frauen doch froh sein, wenn die Männer mit mir telefonieren und sich einen runterholen, anstatt zur nächsten Prostituierten zu rennen und sich mit einer Geschlechtskrankheit anzustecken. Sollte man auf einen Mann eifersüchtig sein, der sich als Wichsvorlage eine Zeitschrift nimmt? Oder sich einen Porno ansieht? Er will ja nur meine Stimme hören. Also in gewisser Weise ist Telefonsex natürlich schon fremdgehen. Aber ich kann ja schlecht zu den Kunden sagen: »Hör mal, es ist vielleicht besser, du rufst mich nicht mehr an, da ich es nicht mit meinem Gewissen vereinbaren kann, dass du verheiratet bist.«

Ein anderer »untreuer« Kunde hatte mich eigentlich immer nur von seinem Handy aus angerufen. Irgendwann aber sagte er mir Bescheid, dass er mich von jetzt an vom Festnetz anruft, da es sonst zu teuer würde. Kurze Zeit später war er dann überhaupt nicht mehr froh über mich.

»Mann, Mann, Mädel! Du hast mich ganz schön in die Scheiße reingeritten!«

»Tschuldigung, was habe ich?«

»Warum hast du mir nicht gesagt, dass die Servicenummer auch auf der Telefonrechnung von meinem Festnetzanschluss aufgeführt wird? Wie soll ich das meiner Frau jetzt erklären? Die Zeitansage kostet wohl nicht so viel, dass ich die als Ausrede benutzen könnte, oder? Du musst dir jetzt wirklich etwas einfallen lassen!«

»Also hör mal, du hast mich nie danach gefragt. Und weshalb sollten die die Servicenummern nicht aufführen? Hast du gedacht, du kriegst dann eine zweite Rechnung, die dir persönlich ausgehändigt wird? Es muss ja irgendwie verrechnet werden. Und wenn

meine Nummer von deinem Festanschluss gewählt
wurde, wird sie auch auf der Rechnung erscheinen.
Dafür kannst du mir jetzt nicht die Schuld geben!«

Glücklicherweise beruhigte er sich schnell und wollte sich selbst etwas einfallen lassen. Warum hat er die Rechnung nicht einfach bezahlt und weggeschmissen? Ach ja, Frauchen führt wahrscheinlich über alle Ausgaben Buch.

Meine armen Kunden haben es wirklich nicht leicht! Von allen Seiten werden sie kontrolliert und unter Beschuss genommen. Wenn sie es geschafft haben, den Argusaugen ihres Chefs samt Sekretärin zu entgehen und dann auch noch das Glück hatten, dass ihre Frau nicht ihr Handy filzt oder die Telefonrechnung einer akribischen Prüfung unterzieht, dann ist ihnen die Staatsgewalt auf den Fersen. So wie folgendem Kunden, der mich vom Steuer seines Autos aus anrief:

»Oh Mann, du machst mich jedes Mal so scharf!«
»Ja, ich weiß. Sag mal, kannst du nicht irgendwo
parken und dann noch mal anrufen? Das ist doch
gefährlich. Oder hast du eine Freisprechanlage?«
»Nee, ich habe keine Freisprechanlage. Aber ich bin
ja auf der Autobahn und fahre fast nur geradeaus.
Da kann ich schon mal Hand anlegen.«

Ich sehe ihn schon in Schlangenlinien freihändig über die Autobahn rasen. In der einen Hand das Handy und in der anderen sein bestes Stück.

Ich hatte die ganze Zeit ein mulmiges Gefühl. Sollte sich ein paar Minuten später bestätigen, als ich die Polizeisirene hörte.

»Ach, Scheiße! Die winken mich rechts ran.
Ich ruf dich später nochmal an, okay?«

Er hat bis heute nicht angerufen.

und, wie war ich?

Wie in jedem anderen Job auch, möchte man natürlich von Zeit zu Zeit hören, dass man seine Sache gut macht. Ich habe das Glück, dass mir meine Kunden ihr Feedback meist sofort und sehr eindeutig in Form eines wohligen Stöhnens oder eines begeisterten Aufschreis geben. Aber darüber hinaus bekomme ich auch andere Zufriedenheitsbekundungen, die mir zeigen, dass ich meinen Job so schlecht wohl nicht mache. Da sind natürlich zum einen meine Stammkunden, die mich teilweise täglich anrufen.

Oder manche Männer, die überhaupt nicht mehr auflegen wollen:

>»Wenn ich so eine Frau wie dich hätte, ich würde sie auf Händen tragen und ihr jeden Wunsch von den Augen ablesen. Ehrlich! Lass mich dich nur einmal sehen, bitte. Bitte!«

Er besteht darauf: Ich sei die einzig Wahre, die Frau seiner Träume. Und sein Liebesbeweis folgt prompt: Zuerst ein gemeinsames Bad mit anschließender Ganzkörpermassage, es folgt ein zärtlich beschriebenes Vorspiel von mindestens vierzig Minuten. Zum Schluss dann einstündiger Geschlechtsverkehr. Unersättlich!

Einige Kunden wollen sogar in der Neujahrsnacht die Ersten sein, die mir ein gutes neues Jahr wünschen. Welcher Kaminkehrermeister kann das schon von sich behaupten?

Und dieses überschwängliche Feedback bekam ich vor Kurzem von einem ganz euphorischen Kunden:

»Ich wollte Dir einfach mal stellvertretend für alle Telefonsex-Damen danken. Ich stehe total drauf, mir einen runterzuholen, wenn am anderen Ende eine Frau ist. Bei den meisten Telefonnummern hat man aber immer wieder jemand anderen dran, was es fast unmöglich macht, eine ›Beziehung‹ aufzubauen. Schade eigentlich, denn es gäbe schon die eine oder andere Dame, die ich öfter mal dranhaben möchte, na ja. Wie gesagt: Danke, denn bei euch kann ich meine Dirty-Talk-Neigung voll ausleben. Danke, dass ihr euch das immer wieder antut.«

Da geht einem doch das Herz auf, oder? Es gibt ja anscheinend noch Männer, die wissen, was sie an uns haben. Ist doch eigentlich besser so, als wenn er wildfremde Frauen anrufen oder auf der Straße anmachen würde. Klar, der Spaß ist nicht ganz billig. Aber man kann sich Erleichterung verschaffen und seiner Phantasie freien Lauf lassen, und dafür ist es doch gar nicht so übel.

Ich möchte aber nicht verschweigen, dass nicht immer alles eitel Sonnenschein ist, schließlich kriselt es in jeder Beziehung mal. Und so kam es, wie es kommen musste:

»Ich glaube, in unserer Beziehung läuft es nicht mehr so gut.«
Aha, da war er. Der erste Kunde, der mit mir Schluss gemacht hat.
»Wie meinst du das?«
»Nun ja, wir drehen uns im Kreis und es kommt immer wieder nur dasselbe raus. Da fehlt was. Ich brauche neue Horizonte. Kannst du das verstehen?«
»Natürlich. Mach dir keine Sorgen um mich. Ich komme schon klar!«

Ihm ist ein Stein vom Herzen gefallen. Er dachte tatsächlich, ich würde ihm eine Szene machen oder anfangen zu weinen.

Aber nicht doch. So ist es eben in meiner Branche: Kunden kommen – Kunden gehen.

DANK

Dieses Buch wäre ohne meine lieben Kunden nicht möglich gewesen, darum gebührt ihnen natürlich der größte Dank. Auch wenn es Luxemburger sind und diese als prüde gelten, tut es gut, vom Gegenteil überzeugt zu werden. Des Weiteren möchte ich natürlich auch meinen Blog-Lesern für ihre Treue, Kritik und Ausdauer danken.

Dank auch an Angela vom Piper-Verlag, die mein Blog entdeckt und mich ermutigt hat, meine Erlebnisse in Buchform herauszubringen. Großer Dank gebührt außerdem Hanna, meiner Lektorin, die jegliche Nerven bei der Durchsicht des Buches behielt.

Folgende Freunde drohten mit Freundschaftskündigung, wenn sie hier nicht genannt werden:
Sandra, Sammy, Caroline, Anja, Heike, Corinne, Romain, Laurent und Mike. Ich hoffe, damit meinen Kopf aus der Schlinge gezogen zu haben.